KB114979

엔지니어의 서울 & 지방 디자인

박원순과 운동권 건달의 서울 분탕질 청소하기

엔지니어의 서울&지방 디자인

Enginner's Seoul &Local Design

타임라인

서문

민주건달·노동귀족·공공양반·진보화석과의 투쟁

사는 대로 생각하지 않고, 생각하는 대로 살았다

나는 1963년 경남 사천(삼천포)에서 태어나 문선초등학교-삼천포중학교-진주고등학교를 거쳐 1982년 서울대 공대에 입학한 뒤로 1번의 무기정학, 1번의 제적, 2번의 구속·수감을 거쳐 1990년에 졸업했다. 1982년부터 1985년까지는 학생운동과 야학운동을 했고, 1986년 첫 번째 구속·출감(집시법 1심 집행유예) 이후에는 인천, 구로, 금천 지역에서 중소기업(제조업) 현장직으로 위장취업하여 노동운동을 하였다. 1988년 두 번째 구속·출감(위장취업 1심 집행유예) 이후 1993년까지는 노동단체에서 노조 설립, 투쟁 지원, 교육, 상담, 노동운동 이론 정립 활동을 했다.

학생운동과 노동운동 과정에서 겪은 고초야 동시대 운동에 투신했던 동기나 선후배들과 별로 다를 바 없을 것이다. 하지만 이후 걸어온 길이 다르다. 성찰과 모색의 치열함이 다르고, 반역의 역사와 싸운 투지와 끈기가 다르다. 나는 모든 이념은 어디까지나 가설에 불과하다고 보는 까닭에 현실과 대조하고, 이성과 실천으로 검증하여 수정·재구성하거나 과감히 폐기해야 할 대상이라는 생각을 견지해 왔다. 그래서 사는 대로 생각하지 않고, 생각하는 대로 살았다는 것 하나는 자부한다. 월급 주고 자리 주는 자의 환심을 사기 위해 소신과 양심을 굽히지 않았다. 그러다 보니 여의도 정치권 주변에 꽤 오래 있었고, 한국 정치가 필요로 하나 아무도 생산하지 않는 것(종합적 경세방략)을 생산해 왔지만, 이 나이가 되도록 세금으로 월급을 받아 본 적이 없다. 민족경제론, 북한 정통론, 주체사상과 NLPDR(민족해방민중주주의혁명)론과 '조국' 수호-검찰악마화, '박원순' 무죄-'피해 호소인' 유죄 등 몰상식한 생각이 운동권의 대세인 적이 있었지만, 운동권 동료·선후배들과의 척질까 두려워 대세를 추종하지 않았다.

나는 대학 캠퍼스를 주체사상이 휩쓸기 전에 학생운동과 야학 운동을 했다. 길지 않은 감옥 생활에서 나온 1986년 여름과 가을부터는 인천 지역 중소 규모 공장에 위장취업하였다. 현장 활동 초기였기에 공장 노동을 익히고, 사람을 사귀고, 좋은 사람이라는 신뢰를 얻는 것이 급선무였다. 그래서 당시 대학 캠퍼스와 도심지에서 시위 투쟁을 주로 하며, 시위와 유인물에 쓸 구호

가지고 피 터지게 노선투쟁을 하며 혁명을 꿈꾸던 많은 자칭 전위 조직(적발되면 거의 국가보안법 위반)에 가담할 필요를 느끼지 못하였다. 물론 그 노선이나 행태도 마뜩잖았다. 지금 돌아보면 노선의 현실 적합성이나 이론적 정합성을 캐묻는 습성은 그때부터 작동했던 것 같다. 그래서 당시 동지처럼 생각한 친구들이 북한 소설(『애국시대』[1] 등)을 읽고 감동하여 강추하고, 복사에 복사를 거듭한 주체사상 원전과 강철서신 등에 감동 감화 받아 주체의 혁명전사나 민족해방민중민주주의 혁명(NLPDR)론으로 무장한 투사로 거듭나는 것이 도통 이해가 되지 않았다. 나는 그 이상한 소설도, 강철서신도, 김일성·김정일이 썼다는 혁명 이론도 도대체 씹히지도 않고, 목구멍으로 넘어가지도 않았다. 주체사상을 영접한 친구와 선후배들에게 나는 태생적으로 잡사상을 떨쳐내지 못한 회의적인, 반동기가 다분한 지식분자라는 느낌을 주지 않았나 싶다. 만약 내가 1945~1953년에 북한을 선택하여 살아남은 인텔리였다면, 십중팔구 가족과 함께 수용소나 노동교화소에 끌려 가지 않았을까 싶다.

1990년 전후하여 세계사적 대격변(중국 천안문사태, 베를린장벽 붕괴, 소련 해체 등)을 보면서 학생운동 시절 가졌던 세계관, 역사

---

1) 최근에 알았는데, 대동출판사가 조해문이라는 가명으로 출간한 이 책은, 북한 작가 최승칠이 쓴 『돌아보는 얼굴』의 제목만 바꾼 것이다. 1968년 일어난 통일혁명당 사건의 주역들이 주인공이다. 당시는 북한 작가가 쓴 소설인 줄 전혀 몰랐는데, 몇 십 쪽 만 읽어도 작가가 남한에서 살아본 사람 같지 않았다.

관 등에 심대한 문제를 느꼈다. 북한에 대한 믿음과 환상이 깨지는 데는 몇 년이 더 걸렸다. 1980년대 말 북한 바로 알기 운동-지금 보면 과도한 미화, 왜곡 운동이었지만-과 어릴 때부터 받아 온 반공 교육에 대한 반발심으로, 결정적으로는 북한은 애국지사(일제하 독립운동가)들과 양심적 지식인들이 세운 나라이기에 그렇게 후진 나라일 리가 없다는 믿음이 두터웠기 때문이다. 기회주의적이고 이기적인 나쁜 인간이 나쁜 나라를 만들고, 고매한 인격자가 좋은 나라를 만든다는 유교적 믿음(수기치인)과 인간의 본성이나 사회주의 시스템에 대한 무지가 북한에 대한 편견을 몇 년은 더 뒷받침했던 것 같다.

1990년대 초반부터는 구로공단의 중심 노조인 나우정밀, 중원전자, 대한광학 등이 망하고 내가 지원, 지도하던 많은 중소기업 노조들 역시 폐업, 공장 이전, 노조 자진 해산 등으로 사라져 가는 것을 보았다. 물고기가 물이 없으면 살 수 없듯이, 노조도 산업과 기업이 시장에서 생존할 수 있어야 유지된다는 자명한 진리를 몸으로 느꼈다. 게다가 1990년대 초반부터 한국 노조운동은 대기업과 공기업이 주도하는 것은 명약관화했다. 이때부터 학생운동, 노동운동에 투신했던 많은 '학출'들이 제각기 소질과 적성을 살려 인생 이모작(?)에 나섰다. 원희룡처럼 시험 보는 재주가 있는 사람들은 고시 합격을 하거나 회계사, 변리사, 감정평가사 등 자격증을 취득하였다. 재력 있는 집안 친구들은 박사 학위를 취득하기 위해 유학을 가거나 박사 과정에 들어갔다. 상당수는 입시학원 강사나 학원 운영에 나섰다. 물론 다수는 회사에 취직했을 것이다. 나 역시 노동운동에 평생을 투신하려던 당초 진로를 재설계하게 되었다.

대우자동차, 세계경영, 지적, 이념적 빈곤과 노동운동

1994~1995년 호구지책으로 잠깐 학원 강사·사업을 하고 있는데 김우중 전 대우그룹 회장 측근들과 인연이 닿아 1995년에 대우자동차에 입사하여 구매·개발 파트와 기술연구소에서 9년 동안 일하다가 2004년 차장으로 퇴사했다. 대우자동차에서 세계경영과 글로벌 경쟁, 기술공학에 눈을 뜨고 국가와 사회를 지배하는 사상이념에 눈을 뜨게 되었다. 대우자동차는 호구지책으로 입사한 게 아니었다. '산업보국'과 '세계경영의 역군이 되겠다'는 일념으로 대우자동차를 세계적인 자동차 회사로 만드는 데 크게 일조하겠다는 각오로, 한 마디로 뼈를 묻으려 입사하였다. 내가 뼈를 묻을 회사라는 생각으로 회사를 다녔기에 1998년부터 2001년 사이 대우그룹과 대우자동차가 어려움을 겪을 때 한국경제, 자동차 산업, 금융 시스템과 김대중정부의 거친 산업·기업·금융 구조조정 정책과 그에 격렬하게 반발한 노조운동의 이념과 귀결 등을 치열하게 고민하지 않을 수 없게 만들었다.

책상에 앉아서 고민하고 한탄만 한 것이 아니라 앞으로 100년의 먹거리를 제공할 것 같은 자동차산업과 대우자동차를 살려 보려고 백방으로 노력했다. 그렇게 대우자동차 파산과 구조조정, GM매각을 지켜보다 보니 한국 정치권, 관료, 지식사회의 지적 축적이 너무나 빈약하다는 것을 깨달았다. 내가 청춘을 바친 학생운동-노동운동이 뿌려 놓은 시대착오적 철학과 가치의 패악도, 특히 화석화한 사상이념의 파괴력도 절감했다. 당시 민주노총으로 대표되는 노동조합은 더 이상 사회적 약자의 대변자가 아니라는 사실도 똑똑히 알게 되었다. 자신이 만들어낸 가치보다 훨씬 많은 것을 가져가는 약탈자로, 사회적 약자와 청년·미래 세대의 기회와 희망을 빼앗는 존재였다. 이렇듯 경제와 산업 실물에 몸을 깊게 담고 있었기에 1980년대 낡은 이념으로부터 일찍이 탈출할 수 있었다. 그때 했던 고민과 연구가 내 생애의 첫 번째 책 『대우자동차 하나 못 살리는 나라』(사회평론, 2001)와 『한386의 사상혁명』(시대정신, 2004)에 응집되어 있다.

초심방, 386, 486 운동권을
새로운 이념으로 업그레이드하려 하다

책을 쓰는 과정에서 나는 대한민국 정치와 관료, 386운동권·진보·노동 세력과 지식사회의 무지몽매와 사상이념적 후진성을 절감하여, 이들이 내놓는 진단과 대안의 근거를 캐묻는 습성이 몸에 배게 되었다. 그러니 경제사회적 현안을 접할 때마다 나의 관심과 고민 영역은 점점 확대, 심화되어 갔다. 2004년을 전후하여 10~20년 내에 한국 정치의 중심으로 부상할 것이 명백한 386, 486 (예비) 정치인들 수백 명을 조직하는 운동을 시작했다. 그 결과 이들이 사상이념적으로 업그레이드되기만 하면 한국 정치가 한 단계 발전할 수 있겠다는 생각을 공유하는 386, 486 학생운동 리더 수십 명이 참여하는 정치결사를 만들었다. 정식 이름은 짓지 못하고, '초심방'이라고 불렀다. 사람을 모으려면 취지를 명료하게 서술한 격문이 필요하기에, 나는 (일찍이 책 한 권을 쓴 죄로) 그 초안 작성 임무를 맡았다. 우리 시대에 대한 종합적 진단과 우리의 당면 과제를 공산당선언처럼 힘있고 간결하고 시적으로 서술하는 일은 생각보다 엄청나게 어려운 일이었다. 근 1년 6개월에 걸쳐 열 개도 넘는 버전을 썼으나 솔직히 내 마음에도 들지 않았다.

그런데 모든 일이 그렇듯이 주도하는 인물들의 실망스런 처신과 참신한 기획의 부재로 인해 공중분해되고 말았다. 그럼에도 그때 나눈 고민과 토론들은 2007년 5월 출간된 『진보와 보수를 넘어』에 집약되었다. 2003년 말에 시작한 이 작업은 2020년 9월 25일 '자유책임 시민정당 공개제안서'와 '개혁자유연합'의 강령에 이르러, 적어도 내 기준으로는 완성을 보았다. 2004년에서

2020년에 이르는 동안 나는 『진보와 보수를 넘어』 등 열 권도 넘는 정치정책 담론서를 쓰고, 헤아릴 수 없이 많은 짧은 칼럼을 쓰고, 많은 대선주자급 정치인들 및 그 주변 참모들과 나눈 많은 토론으로 숙성, 정련하여 16~17년 전의 사명을 겨우 완수한 것이다. 하지만 동지는 간 데 없는데 깃발만 만든 격이다. 게다가 그 깃발은 민주, 진보, 노동, 정의, 민족 팔이들의 지독한 화석화, 반동화, 좌익화, 기득권화로 인해 성찰적 보수, 자유, 우파 진영에서 대부분의 동지들을 얻었으니 이 얼마나 아이러니인지!

'초심방' 인연으로 2006년 가을 뜻이 통하는 몇몇 동지들과 함께 '주식회사 사회디자인연구소'를 여의도에 설립하여, 한국판 '제3의길' 노선(종합적 경세방략)을 정립하고 실천하는 운동을 시작하였다. 나는 정치가 영화산업이라면 좋은 배우(선출직 공직자)가 되려는 사람은 넘쳐나도 좋은 시나리오 작가(정책전문가나 사상이론가)가 되려는 사람은 거의 없다고 판단하여 작가가 되기로 결심했다. 그런데 설립 1년도 되지 않아 나를 제외한 모든 멤버들이 2007년 대선판(이해찬캠프, 정동영캠프, 문국현캠프)에 다 빨려 들어가 버렸다. 그래서 주식회사 사회디자인연구소는 폐업으로 간판을 내리고, 임의단체로 부활시켰다. 물론 그 간판은 혼자 짊어지게 되었다.

주식회사에서 임의단체를 거쳐 사단법인으로 변신한 사회디자인연구소의 주력 연구 사업은 한국의 정치권과 진보, 노동, 시민

세력이 크게 잘못 알고 있는 것을 바로잡거나 지적 공백을 메우는 것이었다. 이 과정에서 나의 관심과 고민은 산업, 노동, 고용, 공공, 재정, 지방자치, 사상이념 영역으로 더 확대되고 심화되었다. 이는 사회디자인연구소 홈페이지의 수많은 글과 『진보와 보수를 넘어』(백산서당, 2007), 『노무현 이후』(한걸음더, 2009), 『2013년 이후』(백산서당, 2011) 등에 응결되어 있다. 이 고민의 총결산이 『7공화국이 온다』(타임라인, 2020)이다.

사회디자인연구소장으로 일하면서 노동부장관, 교육부장관, 국회의장, 국민대통합위원회 등 정부기관(장)과 인천시장, 경남지사, 관악구청장, 서초구청장 등의 자문위원이나 특보로 위촉되어 좀 더 가까이에서 중앙정부와 지방자치단체의 정책, 사업, 예산 등을 살필 기회를 가졌다. 또한 대통령 후보나 당 대표 후보들과의 국가경영 비전·정책 관련 숱한 과외공부성 대담 기회를 가졌다. 이 과정에서 나는 한국의 유력 정치인들의 지적 수준과 사고방식에 경악했다. 내가 2010년 이전에는 한 번도 생각해 보지 않았던 국회의원 출마와 서울시장 출마를 결심한 이유 중의 절반은 간판급 정치인들의 지력과 멘탈에 대한 깊은 실망이다.

돌아보면 2004~2005년 즈음에 우리 정치결사가 정치권 언저리의 86세대 몇 백 명을 조직하여 '한국의 길'을 함께 고민하고, 다수가 사상이념적으로 업그레이드되었다면, 지금 청와대와 민주당에 넘쳐나는 1980년대의 화석과 좀비들을 꽤 많이 줄일 수 있었을 텐데 하는 아쉬움이 있다.

지난 20년 동안 국가, 정치, 지방, 이념 등을 주제로 쓴 책이 20권 가까이 되지만 학위를 획득하기 위하여 쓴 책은 하나도 없다. 책상에 앉아서 논문만 찾아보면서 쓴 책도 없다. 모든 책들은 나의 학생운동, 엔지니어 생활, 기업경영, 정책연구, 정치결사, 정당 창당, 국회의원 출마 등 실천(실패와 좌절) 경험과 그에 대한 깊은 성찰의 산물이다. 그런 점에서 나는 저술가가 아니라 실천가이다. 자연의 이치를 규명하는 과학자가 아니라 과학을 토대로 고객(국민, 시민)에게 유용한 무언가를 생산하는 엔지니어이다. 정치학자가 (사회)과학자에 가깝다면 정치인은 고객가치를 창조하는 엔지니어(기술자)이다. 그런 점에서 나는 이공계적, 엔지니어적 사고방식이 몸에 배어 있다는 것을 느낀다.

사회디자이너의 사명

나는 2006년부터 사회디자이너(social designer)[2]라는 명함을 파 가지고 다녔다. 당연히 '뭐 하는 데냐?'라는 질문을 받는다. 그러면 나는 공공정책 연구, 교육, 컨설팅이 주업이라고 답한다. 당

2) '희망제작소' 창립(2006년 3월)을 주도한 박원순 당시 희망제작소 상임이사(2011~2020 서울시장)도 명함에 social designer라고 새겼다. 나는 2006년 9월 주식회사 사회디자인연구소를 시작하면서 명함에 social designer라고 새겼다. 공공 정책과 사업을 구상하고 실행하는 일이었기에 social designer라고 부르는 것도 괜찮아 보여서이다.

연히 대부분은 무슨 말인지 알아듣지 못한다. 그래서 고객을 말하게 된다. 고객은 국가나 지방을 책임지고 경영하겠다는 정치인이나 정당이고, 그 정치인은 대통령 후보, 당대표 후보, 광역·기초지방자치단체장 후보와 정치에 관심있는 대중이라고 말하면 반쯤 고개를 끄덕인다. 하나의 직업으로 정착된 정치 컨설팅이 선거에서 이기는 기술을 파는 것이라면, 내가 파는 것은 국가경영, 지자체 운영, 정당 운영의 기술 또는 예술이라고 하면 몇 사람은 더 고개를 끄덕이지만, 여전히 '업'의 개념이나 본질이 잘 와 닿지 않는 모양이다. 어찌 보면 정치 컨설팅과 달리 '업'으로 정착된 일이 아니기 때문에 당연하다.

공공정책은 철학, 가치, 법제도와 함께 이념의 한 부분이다. 구체적인 사업이나 이슈와 예산, 인사, 조직은 공공정책을 구체화하는 과정에서 필연적으로 도출되는 과제들이다. 비전은 방향(가치), 목표, 주객관적인 조건을 종합한 그럴 듯한 조감도나 로드맵이다. 그래서 사회디자인의 대상은 이념, 비전부터 실행 계획까지를 다 포괄한다.

사회디자이너가 머리에 항상 이고 다니는 화두는 '우리 사회가 어디쯤 있고, 어디로 가야 하는지'이다. 이를 바탕으로 수많은 국가와 지방의 주요 정책과 사업의 본질(성격), 제약조건, 상호 연관성 등을 연구해 왔다. 사회디자인연구소는 2006년 출범 이후 2009년 중반까지는 '참여정부의 공과'와 영국노동당의 '제3의길'

과 독일사민당의 '신중도' 등 국가비전과 (우리가 꿈꾸는) 정당의 강령을 중심 화두로 삼았다. 2010년 지방선거를 앞두고는 '한국 지방자치 어디쯤 있고, 어디로 가야 하는지'가 중심 화두가 되었다. 그 이후 한국 지방자치제도의 특성과 한계를 짚어 보고 정책, 사업, 예산의 현실적 최선을 찾는 일을 하게 되었다.

지자체 사무는 대개 3,000~5,000개라고 알려져 있다. 국가=중앙정부 사무는 그보다 훨씬 많을 수밖에 없다. 국가경영의 연구, 고민 대상은 국가 사무와 지자체 사무의 합이 아니다. 수많은 사무를 위나 아래에서 규율하는 역사·현실(세계, 시대, 모순부조리) 인식, 즉 철학과 이념, 비전, 정책까지 포괄한다. 국가 경영의 큰 틀 내지 기조는 정당의 강령으로 외화外化된다. 이것이 정권을 잡게 되면 국정운영 5개년 계획 등으로 구체화된다. 그런 점에서 사회디자인연구소의 생산품의 정수는 정당의 강령이다. 이는 지자체 발전 비전으로도 구체화될 수 있어야 한다.

국가비전과 정당의 강령은 그 수요자가 대통령이나 당대표 꿈을 가진 사람 외에는 없다. 사실 한국 정치판에서는 경세방략도, 그것의 다른 이름인 종합적인 국가비전과 정당 강령 역시 진지한 연구나 고민의 대상이 아니다. 하지만 지방 발전 비전(정책, 사업, 예산 등)은 수요자가 비교적 많다. 지방자치단체장이나 지방의원의 꿈을 가진 사람 혹은 이들 중에서 옥석을 가리고자 하는 사람이 제법 많기 때문이다. 그래서 지방의 자치·분권·균형 발전 정책 혹은 지방 발전 비전이 내 전공이 되었다. 지난 10여 년 동안 서울시, 인천시, 광주시, 경상남도, 관악구, 서초구, 양천구, 시흥시, 여수시, 고양시, 진안군 등 참 많은 도시의 정책, 사업, 예산, 인사, 조직 등을 자세히 살펴볼 기회를 가졌다. 그래서 수많은 지방자치단체장 후보들을 대상으로 "지방자치 분권 균형발전"이나 관련 정책, 사업, 조직, 예산 등을 주제로 연구, 교육, 자문을 해 왔다. 강운태 전 광주광역시장과 대담집인 『간절하게 당당하게』(도서출판 사랑방에드, 2014)와 정창교와 나의 공저인 『새우가 고래를 이기는 매니페스토-영혼이 있는 선거전략-』(경향애드컴, 2010)은 오랜 연구, 고민, 교육의 산물이다.

오랫동안 지자체(장)의 정책, 사업, 예산, 조직 등을 연구, 교육, 자문해 온 경험에 비추어 보면, 지자체장이 수많은 실무 책임자나 담당자와 토론이 가능할 정도로 사무를 깊이 이해하는 것은 시간과 노력이 많이 든다. 지력이 떨어지고 일머리가 떨어지면 20~30년을 해도 못 한다. 분명한 것은 일(성격, 제약 조건, 목표, 우선순위 등)을 알아야 인사, 조직, 예산을 운용할 수 있다. 일을 모르면 인사人事가 망사亡事가 된다. 문 정권은 대통령과 핵심 참모와 장차·관들, 당과 의원들이 일을 모르면 얼마나 나라를 망가뜨릴 수 있는지, 얼마나 자원을 낭비할 수 있는지를 극명하게 보여 주었다. 그런데 실은 대부분의 지자체장도 오십보백보인데, 잘 드러나지 않은 것은 지자체 사무는 국가에 치명적인 영향을 미치지는 않기 때문이다. 박원순식 서울 시정은 도시를 모르고, 경제와 고용·노동을 모르며, 성찰을 모르면서 과로사가 꿈이라면서 엄청나게 부지런한 시장이 일으킨 대참사의 표본이다.

이 책은 한국 정치와 지식인 사회와 국민들의 지방 자치·분권·균형에 대한 적지 않은 무지와 착각을 깨뜨리기 위해 썼다. 동시에 기본과 원칙이 바로 선 정당의 지방 발전 비전 및 서울 발전 비전을 널리 알리기 위해 썼다.

목차

3장
한국형 지방자치 어떻게 고칠 것인가? · 105

3장
무너진 자유서울 회복 비전 · 151

1부
지방자치 어떻게 할 것인가?

– 무엇을 할 수 있고, 무엇을 해야 하나? –

지방자치에 관해 관심 있는 시민들이 가장 궁금해하는 것 가운데 하나는 시장이나 구청장이 나를 위해 무엇을 해줄 수 있고, 무엇을 해줄 수 없는지가 아닐까 한다. 예컨대 우리 동네 골목길과 교통 병목도로를 넓히고, 지하철을 놓아줄 수 있는지, 제한속도를 높이거나 내리고 필요한 곳에 횡단보도를 그어 줄 수 있는지, 달동네에 소방도로를 뚫고 어두운 밤길을 밝히는 가로등과 CCTV를 늘려줄 수 있는지, 재활용품 가져가는 날을 일주일에 한 번에서 두 번으로 늘릴 수 있는지, 산책로의 공중화장실을 늘리고 집 근처에 도서관과 어린이집을 지어줄 수 있는지, 이사를 가서라도 다니고 싶은 좋은 초중학교를 만들 수 있는지, 기존 초중학교에 원어민 교사를 채용하고 영어 교육 과정을 대폭 늘려줄 수 있는지, 저렴한 전셋집과 임대주택을 공급해 줄 수 있는지, 최저임금은 내리고 시간제 기간제 계약직을 2년 기간 제한 없이 쓸 수 있게 할 수 있는지, 기초생활 보호대상자 규정을 완화하고 급여를 올려줄 수 있는지, 세계적 기업을 유치하기 위해 법인세를 감면해주고 토지를 장기 대여해 줄 수 있는지, 빼어난 전문 역량을 가진 대기업 이사 출신 퇴직자를 공무원으로 임용할 수 있는지 등이다. 내 경험상 이 질문들을 시험 문제로 내어 일반 국민이나 지식인들에게 O, X로 답하게 하면 그리 높은 점수가 나올 것 같지 않다. 아마 지방자치단체장이나 지방의원을 하려고 하는 사람들도 마찬가지일지 모른다.

모든 일의 출발은 할 수 있는 일과 할 수 없는 일을 구분하고, 할 수 있는 일에 대해서는 그 의미를 묻는 것이다. 그 다음으로 비용(사람, 돈, 시간 등)과 편익을 따지고, 일의 선후와 완급을 따지는 것이다. 한국에서 지자체 일(사무)은 법령에 의해 손댈 수 없는 일이 의외로 많다. 할 수 있는 일이라 하더라도 예산이 없어 못 하는 일도 많고, 공무원들의 역량이 딸리거나 동기부여가 안 되어 못 하는 일도 많다. 할 수도 있는데 안 하는 거나, 더 잘할 수 있는데 제대로 못 하는 일에 대해서는 언론이나 시민들이 호되게 야단을 쳐야 발전하는데 제 역할을 하는 지방 언론은 거의 없다.

한국의 지자체는 한 해에 수천억 원에서 수십조 원의 예산을 집행한다. 당연히 돈을 쓰면 뭐 하나라도 나아지게 되어 있다. 그런데 양심적인 지자체 공무원들은 지자체 예산 사업의 10% 정도는 비용 대비 편익이 낮은 정도가 아니라 아예 마이너스라고 말한다. 안 하느니만 못하다는 얘기이다.

지자체 일(사무)은 투자(비용) 대비 효과(편익)를 따지면 시시비비할 게 너무 많다. 하지만 이를 공평무사하고도 날카롭게, 또 집요하게 따져 묻는 곳은 거의 없다. 지자체도 예민한 행정정보는 공개하지 않는다. 단적으로 중앙정부 산하 공공기관은 인터넷(http://www.alio.go.kr)에 많은 경영정보가 공개되어 있지만, 서울시 산하기관들은 임직원이 몇 명이고, 총 노동비용(임금, 복리후생, 연금, 간접비용 등)이 얼마인지 제대로 공개되어 있지 않다. 서울

여성가족재단은 근무 인원이 몇 명인지가 정보공개 청구 대상이라고 되어 있다. 지자체 사무에서 가장 중요한 정보는 정책이나 사업별 비용(투입 예산 및 인력) 대비 편익(이용자 숫자와 만족도 등)인데, 거의 모든 지자체장과 지방공무원들은 이런 정보를 공개하기 꺼려한다. 당연히 평가도 꺼린다. 한 마디로 한국 지자체들은 기획과 실행은 있지만 평가와 피드백은 없다. 그래서 황당한 예산 낭비성 사업이 속출하는 것이다.

국경을 넘거나 시나 구의 경계를 넘을 때 외관상 차이가 확 느껴지면 일반 시민들도 지방 행정의 실력 차를 단박에 알 것이다. 그런데 건축물의 외관 관련 규제가 워낙 촘촘하기에 뚜렷한 차이가 생기기 어렵다. 행정 서비스 내용을 자세히 들여다보거나, 자기가 사는 지역의 지자체에 민원을 한 번 넣어 보거나 사업을 해 본 사람은 지자체의 행정 서비스 질을 조금 느낀다고 하지만, 그런 민원인과 사업자가 몇이나 되겠는가? 한국의 서울·수도권 도시들의 지자체장이나 공무원들은 엉뚱한 짓을 밥 먹듯 해도 인구가 점점 늘지만, 지방의 작은 군들은 탁월한 수완을 발휘하는 군수가 군정을 지휘해도 인구가 줄어드는 경향을 막기 어렵다. 사람과 기업을 움직이는 여러 요인 중에서 지자체의 행정 서비스는 극히 일부분이기 때문이다.

그러니 일반 시민들이 시 공무원들이나 시장, 군수, 구청장이 제대로 하는지 안 하는지 알 방법이 없다. 하나같이 잘했다, 전국 최초다, 훌륭한 상 많이 받았다고 자화자찬하지만 무엇이 진짜 잘한 것이고 무엇이 잘못한 것인지, 할 수도 있었는데 실력이나 노력이 부족해서 못한 것이 무엇인지 정말 알기 어렵다. 지역 언론이라도 잘하면 잘하는 대로 못 하면 못하는 대로 날카로운 비판도 해주고 평가도 제대로 해주면 참 좋을 텐데 지역 언론에 귀를 기울일 사람은 별로 없다.

한국 지방(지역) 언론들은 유료 독자나 광고 기반이 워낙 취약해서 지방행정을 제대로 감시할 수가 없다. 오히려 유착하거나 앵벌이만 하지 않아도 다행이다. 무엇보다도 지방정치가 중앙정치에 너무 예속되어 있어서 지방이 가진 지리적, 인적, 산업적 자원들을 활용할 유능한 리더십이 지방에서 자라기도 쉽지 않다. 중앙이든 지방이든 여러 정당들이 비전, 정책을 가지고 경쟁하는 시스템이 만들어지면 이 모든 문제가 빠르게 해결되겠지만, 이 시스템은 기존의 정치 기득권자들의 이해에 반하기에 언제 될지 모른다.

뭔가를 정확히 평가하려면 문제를 인식하고, 공과를 재는 좋은 안경이나 저울, 자 같은 것이 필요하다. 정책이나 사업을 다각도로 살피면서 지자체장의 쇼나 포장에 현혹되지 않는 날카롭고 공평무사한 평가자도 필요하다. 그런데 지금 한국의 지방 정치와 지방 행정은 이를 평가하는 안경도, 저울과 자도 없다. 대통령과 장·차관, 여야 국회의원과 정당 지도자 등이 주역인 중앙 정치와 중앙 행정은 언론에서 쉼없이 보도하고 질타하지만, 지방의 그것은 여간해서 이슈가 되지 않는다. 그래서 큰 꿈(대통령이나 국회의원)을 가진 지자체장 중에는 언론의 주목을 받으려고 별별 이상한 짓을 하는 '관심 호소인'이 적지 않다. 성남시장을 하는 내내 박근혜 대통령을 틈만 나면 저격하고, 모라토리엄 선언 같은 황당한 쇼를 몇 번 하여 일거에 대권 주자가 된 이재명의 성공은 지자체장들로 하여금 앞다투어 엉뚱한 짓을 하도록 부추길 것이다.

한국의 지방자치의 문제나 특징을 알려면 선진국의 지방자치를 보면 된다. 백 번 듣는 것이 한 번 보는 것만 못하다(百聞而不如一見)고 했다. 촛불이나 호롱불의 문제는 랜턴이나 전등불을 써보면 알고, 1990년대 초중반 사용하던 삐삐의 문제는 피처폰(핸드폰)을 한 번 써 보면 알고, 피처폰의 문제는 스마트폰을 한 번써 보면 알듯이 선진국 지방자치를 알면 한국 지방자치의 문제를 단박에 안다.

1장
백문이불여일견

한국의 기초지방자치단체(시, 군, 구)의 문제는 스위스의 게마인데Gemeinde나 미국의 작은 타운·시티, 좀 더 규모가 큰 카운티를 보면 알고, 광역지방자치단체(특별시, 광역시, 도)의 문제는 미국의 주나 대도시나 아랍에미리트의 두바이를 보면 안다.

두바이는 아랍에미리트(UAE)를 구성하는 7개 토후(추장)국의 하나로서 인구 341만 명에 면적은 4,114km²로 제주도 본섬(1833.2km²)의 2.24배이다. 간척 사업을 통해 면적이 5%(211km²로 서울 면적의 1/3) 가량 늘어났다. 7개 토후국을 합친 UAE 전체로는 인구 대략 1,000만 명에 면적은 남한의 84%인 83,600km²이다. 한반도처럼 아라비아 반도와 페르시아 만 일대의 지정학적, 지경학적 요충이다. 1971년 영국으로부터 독립하였다. 두바이는 지정학적, 지경학적 조건과 정치 지도자(세습 군주 셰이크 모하메드)의 철학, 상상력, 추진력이 결합하여 국가가 얼마나 크게 바뀔 수 있는지를 보여 주는 전시장이다. 외형적으로는 세계 최고층 빌딩 버즈 두바이, 세계 최대 쇼핑몰, 인공섬(더 월드, 팜 아일랜드, 워터

프런트), 사막 한복판에 스키장이 있다. 국가 마케팅 전략에 따라 세계적 스타들이 참여하는 국제테니스대회, 경마대회, 자동차경주대회, 재즈페스티벌, 영화제, 패션쇼가 열린다. 30년 이상 일관된 외국 기업 유치 전략 등 국가 전략에 따라 중동의 관광, 교통(항공), 금융, 비즈니스(다국적 기업의 중동 지역본부) 허브가 되었다. 이 정책은 중동 최초의 경제자유구역, 세금 면제, 무 노사분규, 무제한 송금 정책과 인종적, 종교적, 문화적 다양성, 관용성(음주도 가능)에 의해 뒷받침되고 있다. 하지만 한국 지자체장 그 누구도 두바이 통치자와 같은 권능을 가질 수 없다. 사실 두바이 통치자는 미국의 주지사보다 훨씬 큰 권한을 가지고 있다. 그럼에도 불구하고 지도자의 정치적 상상력과 추진력이 만들어 낸 하나의 전범典範으로 보고 배워야 할 대상임은 분명하다.

미국의 지방자치

자신의 얼굴을 알려면 거울에 비추어 보고, 다른 사람과 비교해 봐야 한다. 마찬가지로 한국의 국가지배·운영 구조와 지방자치제도(지자체장, 지방의회, 지자체 공무원과 입법, 재정, 인사조직 등)의 특성을 알려면 한국과 확연히 다른 제도, 역사, 문화를 가진 미국, 스위스와 비교해 보고 한국 제도의 원류인 일본의 진화, 발전 혹은 개선, 개혁 과정을 살펴보면 된다. 한국 지방자치제도의

원조인 일본의 47개 광역지자체(都道府縣=도도부현)와 1,741개 기초지자체(市区町村=시구정촌)3)의 사무(권한과 책임), 재원(세입과 세출), 사람(선출직과 직업공무원 등) 관련 제도의 변화 과정을 살펴보면 한국 지방자치제도의 진화, 발전의 지체나 왜곡을 알 수 있지 않을까 한다.

나는 미국, 스위스, 일본의 지방자치를 직접 가서 자세히 들여다보고 싶었지만, 직접 가서 본 것은 스위스밖에 없다. 그것도 2018년에 주마간산 격으로 다 합쳐도 일주일이 안 되는 견학(인터뷰)이었을 뿐이다. 미국의 지방자치는 행정안전부 공무원 문영훈(37회 행정고시 합격 후, 1994년부터 공무원 생활)이 쓴 책『참 자치란 무엇인가? - 미국의 지방자치』(2012, 에이케이디자인)을 통해서 알게 되었다. 사실 스위스는 작은 미국이라고 해도 과언이 아니다. 미국 지방자치의 정신과 방법이 그대로 복제되어 있다.

문영훈은 미국 워싱턴 주 시애틀에서 25마일쯤 떨어진 스노콜미 시청(the city of Snoqualmie)에서 2008년 4월부터 2009년 10월까지 근무하다 온 경험을 집대성하여 이 책을 썼다. 스노콜미 시는 인구 1만여 명(인구 6,724,540명의 워싱턴 주에서는 중간 규모)에 면적 16.86㎢의 작은 시이다. 하지만 단독주택이 다수이기에 상하수도, 쓰레기, 치안 등에서 행정력이 많이 소요된다. 선

---

3) 2019년 2월 현재 일본의 기초 지자체는 시 792개, 정 743개, 촌 183개, 특별구 (도쿄) 23개로 총 1,741개이다. 일본에서 정은 인구 1만 명 이상인데 한국의 읍과 비슷한 규모이고, 촌은 면과 비슷한 규모이다.

출직 시장은 오전 10시 출근하여 오후 3시경 퇴근하고 연봉 5만 달러를 받았는데 이는 당시 미국 1인당 GDP의 1.2배 정도이다. 퇴근 후에는 시내에서 서점을 경영하였다. 그런데 인구 70여만 명의 시애틀 시장은 풀타임으로 연봉은 15만 달러로 워싱턴 주지사와 비슷했다고 한다. 시장은 (기업에서 대표이사가 이사회 의장을 하듯) 시의회 의장을 맡았는데, 비서도 운전기사도 없이 손수 운전하였다. 문영훈이 근접해서 관찰한 바에 따르면 시장은 자나 깨나 매출과 이익을 살피면서 돈 한 푼 쓸 때도 이리저리 재보고, 꼭 필요한 사람 있으면 어떡하든 스카우트하려고 하는 중소기업 사장과 같다고 한다. 물론 스노콜미 시 시장이 살피는 것은 매월 세수였다. 직원은 총 60명인데, 소방과 경찰 인력이 각각 15명 정도이고, 본청 관리 인력은 20~30명이었다. 시의원이 7명인데 전원 비상근이고, 이들은 월 1천 달러 정도를 회의 수당 정도로 받았다.

스노콜미 시 시청의 주요 보직은 부시장격인 행정관과 직속 보좌기구인 시 총무관(City Clerk), 인적자원과장, 재무과장, 정보기술과장이 있고, 그 외에 경찰서장, 소방서장, 도시계획과장, 공공건설과장, 공원관리과장이 있다. 주요 보직에서 보듯 한국의 작은 시·군·구에서 하는 보건(의료), 복지, 문화예술(도서관 등) 관련 서비스를 제공하는 기관이 없다.

스노콜미 시가 소속된 킹카운티King County는 워싱턴 주에 소속된 29개 카운티 중의 하나인데, 인구가 190만 명으로 미국 전체에서 14번째로 크다. 그런데 이 카운티는 한국의 도와 같은 존재가 아니다. 주정부와 시정부의 사이에 있는 존재이긴 하지만, 한국의 도와 달리 시정부의 상급 기관이 아니다. 보충성원칙에 의해 스노콜미 시가 처리할 수 없는 공공사무를 처리하는 역할을 부여받았다.

카운티는 대표도 있고 9명으로 구성된 카운티 의회도 있지만, 카운티 소속 시민이 직선으로 선출하는 것은 아니다. 카운티에는 광역 서비스를 위한 판사, 검사, 경찰, 선거관리위원 등이 있다. 또한 주정부와 카운티 사이에 광역의회가 있는데, 이는 카운티 몇 개가 모여서 광역의회를 구성한다. 당연히 광역 교통 문제, 경제 개발 문제 등을 처리한다. 여기에는 31명의 시장, 카운티 및 시정부 의원들이 참여한다.

서비스 유형	서비스 내용
광역 서비스 Reginal Service	1)법원과 관련된 법률 서비스 2)공중 건강 서비스 3)카운티 교도소 4)기록 및 선거 5)재산세 평가 6)광역 공원 및 시설 7)킹카운티국제공항 8) 대중교통 9)하수처리
준광역 서비스 Sub Reginal Service	많은 교외 시(Suburban cities)들에게 동물 관리(Animal Control)과 같은 준광역 서비스를 제공
지역 서비스 Local Service	법인화 되지 않은 시(Unincoporated Communities)에 광역 및 준광역 서비스에 더하여 직접적인 서비스를 제공 1)토지 사용 규제 2)빌딩 허가 3)경찰 4)도로 및 지역공원 *화재, 상수도, 도서관 및 병원기능은 킹카운티와 독립된 별도의 기관에서 담당

미국 기초 지자체의 거버넌스는 연방이나 주가 법으로 정하지 않고, 기초 지자체(의회)의 결정 사항이다. 그래서 시장-의회(mayor-council)제(강시장), 시장이 존재하지 않는 의회-지배인(council-manager)제, 위원회(commission)제가 있다. 시장-의회제라 하더라도 시장을 직선으로 선출하는 강시장제(strong mayor)와 의회 의원 중에서 간선하는 약시장제(week mayor)가 있다. 지배인제는 전문 행정가들이 행정을 총괄한다. 인구 약 700만 명인 미국 워싱턴 주에 법인화된 시정부 281개 중 51개가 시장을 따로 뽑지 않고 시의원만 뽑아서 유능한 '시티매니저'를 스카우트해서 시정을 총괄하게 한다. 기업 이사회와 사장의 관계와 흡사하다.

미국 워싱턴 주(Evergreen state)내 281개 시정부의 시장 형태

제도	시장-의회제	의회-지배인제	위원회제	합계
시정부 수	229	51	1	281

　미국에서는 시의회가 기업 이사회처럼, 지자체 전문 경영인을 고액 연봉을 주고 스카우트해서 시정을 맡기곤 한다. 이런 전문 도시 경영자를 '시티매니저'나 '시정관리인' 혹은 '사무총장'이라고 한다. 한국 지자체에도 행정안전부가 파견한 행정 부단체장이 있지만 시티매니저와는 다르다. 미국의 시티매니저는 사실상 시장이다. 그래서 시티매니저 협의회가 있고, 유능하다고 인정받는 시티매니저들은 다른 도시들에서 스카우트 경쟁을 벌인다. 미

국은 한국 지자체 유지의 생명줄인 국고 보조금이나 교부세 같은 것이 거의 없다. 자기들이 거두어들인 세금 안에서 공무원도 채용하거나 해고하고, 월급을 올리거나 내리고, 조직도 만들기도 하고 없애기도 한다.

선거전은 그 나라의 국민이나 주민의 사고방식, 정치 리더십, 권력구조, 정당체제 등을 한 눈에 들여다보게 하는 창이다. 누가 왜 선출직을 하려는지, 선거공약은 무엇이고 선거 쟁점은 무엇인지, 어떤 사람이 당선되는지 등이 다 포함된다. 문영훈이 2009년 스노콜미 시장 선거를 본 소감을 이렇게 썼다.

시장에 출마할 후보자들은 킹카운티 선거 관련 홈페이지(www.kingcounty.gov/elections)에 들어가 후보 등록을 하면 된다. 당시 스노콜미 시도 선거가 있었는데, 스노콜미 시 직원 누구도 시장 후보로 누가 등록을 했는지 관심을 갖지 않았다. 시청 직원이 거기에 관심을 갖는 것 자체를 문제가 있는 것으로 여기는 분위기였다. 일반적으로 현직 시장이 재선을 원하는 경우에는 경쟁 후보로 등록하지 않는 문화가 있다고 한다. 하지만 3선부터는 경쟁자들이 등록한다고 한다. 그런데 미국의 시장들은 연임에 제한이 없다. 당연히 출신 지역(고향)과 상관없이 시장에 출마한다.

여기에서 보듯 미국의 큰 시의 시장은 어떨지 몰라도 작은 시의 시장은 권력자나 벼슬자리가 아니다. 봉사자에 가깝다. 예산 자체가 주민의 호주머니에서 나오고, 그 돈으로 필수 인력을 채용하여 공공서비스를 제공하기 때문에 돈을 허투로 쓰기가 곤란하다. 하지만 한국은 국가=중앙정부가 국세(소득세, 법인세, 부가세 등)를 징수하여, 어떤 공식에 의해 교부금을 내려보내 주고, 중앙정부 주도로 특정 사업에만 쓸 수 있는 보조금을 내려보내 주기에 지자체장과 공무원들이 주민의 따가운 눈치를 받지 않고 쓸 수 있는 돈이 너무나 많다. 한국 공무원은 지자체의 재량권을 없앤, 국가 법령에 의해 관리(임용, 승진, 보직, 임금, 연금, 복리후생 등)하기에 주민들이 자신의 돈=세금으로 자신의 뜻에 따라 인력을 채용하고, 조직을 편성하여, 공공서비스를 제공받는다는 의식을 가지기 어렵게 되어 있다. 공무원은 주민이 어떻게 할 수가 없는 최고 선망의 자리, 아니 벼슬처럼 되어 있다. 그래서 9급 공무원 시험 합격이 대학이나 동네에서 현수막을 붙일 만한 경사로 되었다. 지자체장은 공무원에 대해 법령에 의해 승진, 보직, 감사 등을 통해 지휘할 수 있는데 이는 크다면 크고 작다면 작은 권력이다. 하지만 지자체장과 지방 공무원의 재량권이 큰 산하기관과 예산에 의존하는 기업에 대해서는 다양한 방식으로 고용, 승진, 보직 등에 영향을 미칠 수 있다. 기간제, 시간제, 무기계약직, 정규직=정년보장직, 정규직 전환 등으로 채용할 수 있고, 이를 통해 특혜를 줄 수 있으며, 노조와 결탁할 수도 있다.

미국 시장은 인사권으로 말하면 한국의 시장보다 법적으로는 월등히 강한 권한을 가지고 있지만 실질적으로는 그렇지 않다. 한국 시장의 인사권(채용, 승진, 보직 등)은 공무원법과 근로기준법 등의 제약을 받지만, 미국의 시장은 중소기업처럼 공무원 전원을 해고하고, 채용할 수 있다. 그런데 미국 시청 공무원은 특별히 높은 임금, 연금, 복리후생을 보장받는 존재가 아니다. 팀장이 실무는 하지 않으면서 펜대(도장)만 들고, 팀원 관리만 해도 될 정도로 인력이 널널하지도 않다. 미국, 유럽 등 선진국은 위로 올라가면서 더 바빠진다. 아주 거대한 조직의 고위직이 아니면 웬만한 실무(연설문, 보고서나 프리젠테이션 자료 작성 등)는 본인이 직접 한다. 그리고 특정 직무에 필요한 사람을 뽑고, 해당 직무의 숙련도에 따라 대략적인 처우의 시장 가격이 형성되어 있다. 한국처럼 승진, 보직, 임지(벽지로 좌천) 등을 통해서 인센티브를 제공하거나 징벌을 할 수가 없다. 그렇기에 스노콜미 시청 직원들이 시장 선거에 관심이 없는 것이다.

1830년대 미국의 지방자치

미국의 지방정부의 운영 방식과 그 근저에 흐르는 철학을 보면 토크빌이 관찰한 1830~1835년 당시와 거의 같다는 것을 알 수 있다. 토크빌이 1835년에 출간한 『미국의 민주주의1』에 따르면, 1830년 당시 매사추세츠 주는 305개의 타운에 610,014명의 주민들이 거주했으니, 1개 타운당 인구는 평균 2,000명이다. 토크빌은 자신이 본 타운 민주주의의 한 단면에 대해 이렇게 썼다.

행정권의 대부분은 '행정위원'(select-men)이라는 매년 선출되는 몇 사람에게 부여된다. 작은 타운에서는 3명, 큰 타운에서는 9명이 임명된다. (…) 학교를 세우려 한다면 행정위원들은 지정된 날 지정된 장소에서 투표자회의를 소집한다. (…) 이들은 사업을 성취할 방법, 소요될 것으로 보이는 비용, 가장 알맞아 보이는 장소 등을 알린다. (…)회의는 원칙을 정하고, 부지를 확정하고, 세금을 투표로 결정한다. 타운집회는 행정위원 또는 10명의 주민이 소집할 수 있다. 타운집회에서 행정위원은 사회권만 가진다.

－『미국의 민주주의1』122~123쪽

타운집회는 행정위원들을 포함한 많은 타운 관리를 뽑는다. 과세사정관은 타운 전체의 세율을 정한다. 징세관은 세금을 거둔다. 보안관은 질서를 유지하고 거리를 감시하고 법률을 집행하도록 임명된다. 타운의 서기는 타운의 투표, 명령 및 인가를 기록한다. 가난한 사람들에 대한 감독관은 구빈법(the pool-laws)을 집행하는 어려운 과업을 수행한다. 교육위원들은 학교 교육과 공공 교육을 관장한다. 도로감독관은 타운의 대소 도로를 관장하는 주요 관리들의 명단을 작성하기도 한다. (…) 타운에는 모두 19개의 주요 관직이 있다. 모든 주민은 이들 여러 가지 직책을 수행해야 하며, 그렇지 못한 경우에는 벌금을 물어야 한다. (…) 가난한 시민들이 손해를 보지 않고 봉사할 수 있도록 하기 위해서 거의 모두 보수를 지불한다.

-『미국의 민주주의1』124쪽

타운집회가 자유에 대해 가지는 관계는 초등학교들이 학문에 대해 가지는 관계와 같다. 타운집회에서는 자유가 주민들의 손이 닿는 범위에 들어 있게 되며, 그런 집회는 사람들에게 자유를 어떻게 사용하는가 그리고 어떻게 누리는가를 가르쳐 준다. 한 민족이 자유로운 정부를 세울 수도 있겠지만, 자치제도가 없이는 자유정신을 가질 수 없다. 일시적인 열정, 짧은 시간 동안의 관심, 또는 우연한 상황 때문에 외형적인 자주성이 조성될 수도 있겠지만, 사회 체제의 내부로 밀려 들어갔던 전제적 경향(despotic tendency)이 조만간 다시 표면으로 나타날 것이다.

-『미국의 민주주의1』121쪽

뉴잉글랜드에서는 공공업무를 수행할 때 대표들을 통해서 한다. 그러나 입법 및 행정에 관한 공공업무가 피치자들에게 더욱 가까이 있는 타운에서는 대의제도가 채택되지 않는다. 자치협의회도 없다. 투표자 집단은 타운의 관리들을 선출한 뒤에는 단순하고 일상적인 법집행을 넘어서는 모든 일에 있어서 그들을 지지한다.

-『미국의 민주주의1』122쪽

그런데 토크빌은 '똑같은 원칙이 (인구가 많은) 도시들에서는 적용될 수 없다'고 한다.

뉴잉글랜드의 정치 생활은 타운에 기원을 두고 있는데, 타운은 하나하나는 본래 독립국가를 이루고 있었다고까지 말할 수 있다. 뒷날 영국 왕들이 지배권을 주장했을 때도 국가의 중앙권력을 떠맡는 데 만족했다. 타운들은 있는 그대로 내버려두었다.

-『미국의 민주주의1』125쪽

타운들은 그 권력을 중앙 권위(the central authority)로부터 받은 것이 아니고 오히려 자기네들의 자주성의 일부를 주에게 양부했다. 바로 이 점이 중요한 특색이고, 독자들이 언제나 염두에 두어야 할 사항이다.

-『미국의 민주주의1』126쪽

상식적인 이야기이지만, 국민이나 주민이 주인의식을 느끼고 자신이 속한 나라와 지방과 마을을 진실로 사랑하려면, 자신의 삶에 큰 영향을 미치는 (공공서비스 관련) 공적 결정 과정에 자신이 주체로서 참여하고, 결정에 따르는 자신의 의무와 부담을 이행해야 한다. 그래야 공적 결정과 대리인들에 의한 결정 수행 과정을 관심있게 살피고 평가할 수 있다. 그런데 지금 한국은 대통령선거, 국회의원선거, 지방자치단체장선거, 교육감선거 외에는 공적 결정에 참여할 수가 없다.

스위스의 지방자치

미국, 스위스, 독일 등 연방헌법은 연방정부와 주정부의 계약이자 연방정부 및 주정부와 국민의 계약이다. 실제 이 헌법들을 읽어 보면 계약서라는 느낌이 강하다. 연방정부의 권한의 오남용을 경계하여 권한을 제한하려는 경계심이 진하게 배여 나온다. 스위스 연방헌법이 그 전형이다.

제1조(스위스 연방)에서는 연방에 가입한 취리히, 베른, 루체른 등 칸톤(주州)의 이름을 죽 나열하고 있다. 대부분의 연방헌법 1조는 동일하다. 계약 주체(연방과 주)의 이름을 명기해야 하기 때문이다. 제2조(목적)에서는 '국민의 자유와 권리 보호', '국가의 독립과 안전', '공동의 복리와 지속적인 발전', '시민간 기회균등 보장', '평화롭고 정의로운 국제질서를 위한 노력' 등을 이야기한다. 제3조(칸톤)에서는 '칸톤은 연방헌법에 의하여 주권이 제한되지 않는 한 주권을 가진다. 칸톤은 연방에 이양되지 않은 모든 권리

를 행사한다'고 명문화되어 있다. 이는 제5a조와 제43a조 등에서 거듭 천명되고 있다.

제5a조 (보충성)국가의 업무를 배분하고 수행함에 있어서 보충성의 원칙을 존중하여야 한다.

제42조 (연방의 사무)

① 연방은 연방헌법에서 의하여 규정된 사무를 수행한다.

제43조 (주의 사무)

주는 그 권한의 범위 내에서 어떠한 사무를 수행할 것인가를 결정한다.

제43a조 (국가 사무의 배분과 수행에 관한 원칙)연방은 칸톤에 의한 사무 수행이 불가능하거나 연방에 의한 통일적인 규율이 필요한 사무만을 수행한다.(중략)

칸톤 정부는 입법, 사법, 행정권을 갖고 독자적인 헌법과 정부, 의회, 법원을 갖춘 준 주권적 독립국가 형태를 갖고 있다. 연방 정부는 주정부가 독자적으로 수행하기 어렵거나 비효율적인 사무를 처리한다. 그래서 외교, 국방, 관세-통화-화폐, 우편-통신(전화)-대중매체-철도-항공, 핵에너지 관련 사무를 담당한다. 연방정부가 주민에게 직접 제공하는 공공서비스는 우편, 전화서비스, 연방철도 등에 불과하다. 연방정부는 칸톤에 (복지관련)생계 보조금의 상당부분을 지원하고 칸톤은 그 집행을 게마인데에 위임한다.

- 이기우, 76~77쪽

스위스 칸톤 현황

약자	주 명칭	연방 가입연도	인구	면적 (km²)	게마인데 수	공용어**	1개 게마인데 평균인구(명)
AI	아펜첼이너로덴*	1513년	15,000	173	6	독	2,500
OW	옵발덴	1291년	32,700	491	7	독	4,671
UR	우리	1291년	35,000	1,077	20	독	1,750
GL	글라루스*	1352년	38,300	685	28	독	1,368
NW	니트발덴	1291년	38,600	276	11	독	3,509
AR	아펜첼아우서로덴	1513년	53,200	243	20	독	2,660
JU	쥐라	1979년	69,100	838	83	프	833
SH	샤프하우젠	1501년	73,400	298	34	독	2,159
ZG	추크	1352년	100,900	239	11	독	9,173
SZ	슈비츠	1291년	131,400	908	30	독	4,380
NE	뇌샤텔	1815년	166,500	803	62	프	2,685
GR	그라우뷘덴	1803년	185,700	7,105	211	독/로/이	880
BS	바젤슈타트	1501년	186,700	37	3	독	62,233
TG	투르가우	1803년	228,200	991	80	독	2,853
FR	프리부르	1481년	239,100	1,671	242	프/독	988
SO	졸로투른	1481년	245,500	791	126	독	1,948
BL	바젤란트	1501년	261,400	518	86	독	3,040
VS	발레	1815년	278,200	5,224	160	프/독	1,739
TI	티치노	1803년	311,900	2,812	244	이	1,278
LU	루체른	1332년	350,600	1,493	107	독	3,277
GE	제네바	1815년	414,300	282	45	프	9,207
SG	장크트갈렌	1803년	452,600	2,026	90	독	5,029
AG	아르가우	1803년	550,900	1,404	232	독	2,375
VD	보	1803년	626,200	3,212	382	프	1,639
BE	베른	1353년	947,100	5,959	399	독/프	2,374
ZH	취리히	1351년	1,228,600	1,729	171	독	7,185
CH	스위스 전체		7,261,200	41,285	2,890		2,513

(*직접민주제) (**독:독일어, 로:로만어, 프:프랑스어, 이:이탈리아어)

지방자치를 모르면 자유민주주의를 모른다

유럽, 미국, 일본의 지방정부는 지역 주민들이 낸 세금과 주민들의 참여로 교육, 보육, 치안, 소방, 도로 등 생활(환경)을 개선할 수 있는 폭넓은 권한을 갖고 있다. 그러나 한국은 대부분의 권능을 국가, 특히 대통령이 틀어쥐고 있고, 대부분의 세금을 국가가 걷고, 국가는 너무나 크기에 지역 주민들이 공적 결정에 관여하기 어렵다. 그 결과가 청와대에서 가까운 광화문광장 시위요, 청와대 게시판 청원이다. 사실 지역 주민의 자조, 연대, 자치를 통해 지역의 가치를 극대화하고, 삶을 개선한 경험도 별로 없고, 제도적 뒷받침도 안 되어 있다. 대신에 우리 혹은 우리 지역의 이해와 요구를 대변할 힘센 지역 일꾼(국회의원)을 만들어 중앙에 수북이 쌓인 자원(예산, 자리, 공공기관 등)을 많이 끌어오는 '약탈 심리'=지대 추구 심리가 강하게 흐르고 있다. 따지고 보면 노동시장을 흐르는 정신도 약탈=지대추구이고, 예산을 바라보는 관점도 먼저 먹는 것이 임자라는 생각(약탈)이고, 법과 규제를 바라보는 관점도 약탈이다. 법을 보편타당한 규범으로 생각하지 않기 때문이다.

지방자치를 모르면 자유민주주의를 모르고, 민주공화국을 모른다고 해도 과언이 아니다. 자유민주주의는 개인의 자율 책임을 초석으로 사적 자치와 지방 자치가 양대 기둥으로 서 있다. 그 위에 국가가 올라가 있고 초석, 기둥, 지붕 등을 결합하는 것이 보충성 원칙이다. 보충성 원칙은 개인과 지방(자치단체)과 국가의 관계에 있어서 문제 해결에 가장 가까이에 있는 당사자 또는 하부 단위가 주도권을 쥐고 문제를 해결해야 한다는 원칙이다. 국가(중앙정부)나 연방정부 등 상부 단위는 개인, 마을, 지방, 주정부 등 하위 단위 필요하다고 인정하는 영역에만 개입하라는 것이다. 한마디로 하부가 위임한 것만 상부에서 하고, 하부가 위임하지 않는 것은 상부가 개입하면 안 된다는 원칙이다. 보충성의 원칙은 자유정신의 발현으로 개인, 가족, 마을, 지방, 주州의 자유를 지키는 원칙이다. 따라서 연방·중앙 정부와 주·지방 정부와 타운·마을(기초 자치단위) 간의 사회계약이라는 개념을 깔고 있다.

　미국과 스위스는 마을, 타운, 게마인데 등 자치적으로 굴러가는 공동체가 먼저 생겨나고, 작은 공동체가 하기 힘든 일을 처리하기 위해 주정부나 연방정부를 만들어 상호간에 권한과 책임, 권리와 의무를 설정한 역사와 문화를 가지고 있기에 보충성의 원칙이 자연스럽게 체화되었을 것이다. 하지만 한국은 조선시대부터는 중앙정부가 거의 모든 것을 틀어쥐고 있다가, 지방관을 파견하여 통치를 하다가, 지방자치제가 실시되면서 사무와 인력과 예산을 조금씩 아래로 이양한 역사 위에 서 있기에, 보충성의 원칙은 정치정책 담론에서 거의 실종 상태라 해도 과언이 아니다. 지방자치의 발전 지체와 보충성 원칙의 실종을 모르면 최근 몇 년 동안 일어난 자유민주주의의 급속한 퇴행의 실체와 뿌리를 모른다고 할 수 있다.

흔히 일제 식민 통치의 유산, 분단 체제의 유산, 1997년 외환 위기의 후과라고 거론되는 정신문화적 특징의 상당 부분은 한반도의 자연환경과 지정학이 만들어낸 집단적 경험과 독특한 역사 인식의 산물이다. 그런데 이제 기업과 돈과 인재는 더 이상 이 자루에 갇히지 않는다. 조선의 백성들처럼 국가 권력의 오만 가지 갑질에 속수무책으로 당하고만 있지 않는다. 이는 전통적으로 국가 권력 내지 국가 갑질을 통해 많은 문제를 해결하려고 해 온 민주당, 정의당 등 진보 정치 세력에게는 엄청난 환경 변화가 아닐 수 없다.

2장
한국형 지방자치제도의 특징

자치, 분권, 균형 발전

　일반적으로 지방의 핵심 현안은 자치, 분권, 균형 발전 문제로 대별된다. 자치와 분권은 광역 및 기초 지자체장과 지방 공무원들의 요구이다. 동시에 지자체로 인정되지는 않지만 자생력 있는 소지역 공동체의 공통된 요구이기도 하다. 그런데 한국에서는 자치와 분권을 요구하면서 그에 상응하는 책임과 부담에 대해서는 함구한다. 공무원 조직의 본능인 권한, 조직, 인력 확대 욕구의 발현인 측면이 강하다. 그래서 자유민주주의의 기본인 자치와 분권 요구가 별로 국민과 주민의 동의를 받지 못하는 것이다. 균형 발전은 주로 서울·수도권과 영남권과 충청권의 산업도시를 제외한 나머지 지방의 요구이다. 또한 이들 지방 내에서는 농촌과 도서 지방(읍·면·리)의 요구이기도 하다. 이는 대체로 낙후된 지방에 대한 특혜적 자원(예산, 공공기관, 공항 등) 할당을 요구한다.

근대 문명의 발달에 따라 도시로의 인구 집중은 필연이다. 한국은 1960년대 이후 본격화된 서울·수도권 및 남동해안 중심의 산업화와 전국토의 도시화에 따라 인구와 기업(생산·소비시설)의 집중이 일어났다. 이 지역과 산업화, 도시화에서 소외된 지역과의 발전 격차가 점점 커졌다. 1990년대 이후 디지털 혁명과 고속 교통망의 발달에 따라 확실한 산업기반도 없고, 지방의 특장점을 살릴 수 있는 자치권도 없는 지방들, 대표적으로 호남, 농촌, 내륙 도시 등은 산업과 인구의 공동화 현상이 일어났다. 서울·수도권 대학으로의 쏠림으로 인해 부산대, 경북대, 전남대 등 지방 유수의 명문 대학들의 입학생 성적이 지속적으로 떨어졌다. 산업화, 도시화에 따른 수도권 과밀 집중 문제와 지방과 국토의 균형 개발 문제는 1960년대 이래 핵심 국정 현안이었다. 그럼에도 불구하고 수도권이라는 거대한 블랙홀의 위력은 별로 약화되지 않았다. 농촌(지방)의 읍면은 1990년대 초중반부터 공동화, 황폐화되었다. 지방의 중소 도시들도 지속적인 인구 감소를 피하지 못하였다.

　한편 서울을 제외한 거의 모든 도시들은 도심 외곽에 대단위 신도시를 건설하면서, 단 하나의 예외 없이 원도심 공동화 현상을 겪었다. 이런 상황에서 저출산·고령화의 심화(인구 증가율 정체), 서울·수도권 인구 집중, 지방 중소 도시의 인구 감소, 저성장 기조의 고착화에 따라 상대적으로 약한 고리인 지방의 읍면과 중소 도시는 더 큰 타격을 받을 수밖에 없었다. 그 두드러진 현상으로 현대 문명을 떠받쳐주는 인프라들이 무너지고 있다. 초등학교의 폐교는 오래 전부터 진행된 현상이었다. 농촌 읍면과 중소 도시에서는 산부인과 병원 자체가 사라지면서 출산 과정에서 산모나 영아가 위험에 빠지는 경우가 많아지고 있다. 이제 지방은 서울과 중앙정부만 바라보며 사는 해바라기나 식민지처럼 되었다고 자조한다. 지방은 2류 인생들이 모여 사는 곳처럼 되었다고 자탄한다. 지방은 물질적 문화적으로 더 피폐해졌다. 그런데 정치권은 지방의 문제를 중앙정부에 쌓여 있는 자원을 더 많이 끌어오는 것 외에 다른 발전 방안을 잘 찾지 못한다는 것이다. 아니, 찾을 수 없다고 보아야 한다.

사무, 재원, 사람

지방자치단체장이든 대통령이든 기업 CEO든 기본적으로 헌법과 법령의 틀 안에서 사람(조직)과 예산을 통해 사무를 처리한다. 그래서 지방자치제도의 특징, 한계, 가능성을 알려면 그 틀인 헌법과 법률부터 살펴야 한다.

지자체(장이나 의회나 주민)는 대통령이나 국회의원과 달리 법령을 개폐할 권한이 없다. 한국의 지자체는 그 어떤 나라보다 촘촘한 법령의 틀 안에 갇혀 있다. 외교, 안보야 어디든 연방정부·중앙정부 사무이다. 하지만 대부분의 선진국들은 교육, 치안, 소방, 보건의료, 세금, 기업·일자리 등에 대해 지방정부가 상당한 영향력을 발휘할 수가 있다. 하지만 한국 지자체는 (일자리 관련) 요구는 많이 받지만, 해결할 권한도 책임도 역량도 거의 없다. 결론부터 먼저 말하면 우리 시대 최대 현안이라는

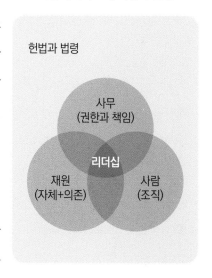

지방자치제도의 기둥과 환경

헌법과 법령

사무
(권한과 책임)

리더십

재원
(자체+의존)

사람
(조직)

양극화와 일자리, 교육, 주택, 세금, 에너지, 사법 문제 등은 지자체가 주도적으로 해결할 수 있는 문제가 아니다. 주민으로부터 요구가 있으니 책임은 있지만 지자체는 권한도 없고, 실은 실력조차도 없는 모순적인 상황이다. 이로부터 많은 허위와 가식이 발생한다. 박원순의 서울시정이 대표적이다.

법령(한국)의 범위 안에서 vs 법률(일본)의 범위 안에서

현행 헌법(1987. 10. 29 개정, 1988. 2. 25 시행)의 지방자치 관련 조항은 단 2개이다. 제헌헌법[4] 이래 거의 달라지지 않았다.

---

4) 제8장 지방자치: 제96조 지방자치단체는 법령의 범위 내에서 그 자치에 관

대한민국 헌법 제8장 지방자치

제117조 ①지방자치단체는 주민의 복리에 관한 사무를 처리하고 재산을 관리하며, **법령의 범위 안에서** 자치에 관한 규정을 제정할 수 있다. ②지방자치단체의 종류는 법률로 정한다.

제118조 ①지방자치단체에 의회를 둔다. ②지방의회의 조직·권한·의원선거와 지방자치단체의 장의 선임방법 기타 지방자치단체의 조직과 운영에 관한 사항은 법률로 정한다.

한국 헌법을 만들 때 주요하게 참고한 일본 헌법(1946.11.3. 공포) 역시 제8장이 지방자치 관련 규정인데, 우리 헌법과는 의미심장한 차이가 있다. 가장 결정적인 차이는 우리는 자치에 관한 규정(조례)을 '법령의 범위 안'에서 제정할 수 있는데 반해, 일본은 '법률의 범위 내에서' 제정할 수 있다는 것이다. 또 하나는 우리는 지방자치단체라 부르는 것을 일본은 지방공공단체로 부른다는 것이다.

한 행정사무와 국가가 위임한 행정사무를 처리하며 재산을 관리한다. 지방자치단체는 법령의 범위 내에서 자치에 관한 규정을 제정할 수 있다. 제97조 지방자치단체의 조직과 운영에 관한 사항은 법률로써 정한다. 지방자치단체에는 각각 의회를 둔다. 지방의회의 조직, 권한과 의원의 선거는 법률로써 정한다.
58 http://www.moleg.go.kr/lawinfo/status/statusReport

일본국 헌법 제8장 지방자치

　제92조 지방공공단체의 조직 및 운영에 관한 사항은, 지방자치의 본지에 기초하여 법률로 정한다.

　제93조 ①지방공공단체에는 법률이 정하는 바에 따라 그 의사 기관으로 의회를 설치한다. ②지방공공단체의 장, 그 의회의 의원 및 법률이 정하는 기타의 관리는 그 지방공공단체의 주민이 직접 선출한다.

　제94조 지방공공단체는 그 재산을 관리하고, 사무를 처리하고, 행정을 집행하는 권능을 가지고, **법률의 범위 내에서** 조례를 제정할 수 있다.

　제95조 하나의 지방공공단체에만 적용되는 특별법은, 법률이 정하는 바에 따라 그 지방공공단체의 주민의 투표에 있어서 그 과반수의 동의를 얻지 못하면 국회는 이것을 제정할 수 없다.

http://blog.naver.com/PostView.nhn?blogId=skymylord&log-
No=40012381509

　법령은 국회에서 제정하는 법률과 대통령, 행정 각부 등에서 제정하는 명령을 총칭한다. 2020년 12월 7일 현재 지방자치 조례 규칙 등 자치 법규보다 상위에 있는 법령은 헌법 1개, 법률 1,502

개, 대통령령 1,762개, 총리령 90개, 부령 1,267개, 기타(국회규칙 등) 총 4,973대다. 자치 법규는 조례 91,781개, 규칙 26,081개, 기타(훈령 등) 441개이다.

지방의 자치권을 옥죄는 헌법 조항은 제8장의 두 조항만이 아니다. '헌법 제40조 입법권은 국회에 속한다'는 조항은 지방의회는 법률을 제개정할 수 없다는 것을 의미한다. '헌법 제52조 국회의원과 정부는 법률안을 제출할 수 있다'는 조항은 지방자치단체는 법률안을 제출할 수 없다는 것을 의미한다. '헌법 제59조 조세의 종목과 세율은 법률로 정한다'는 조항은 지방자치단체는 조세의 종목과 세율을 정할 수 없다는 것을 의미한다. '헌법 제12조 ①(중략) 누구든지 법률에 의하지 아니하고는 체포·구속·압수·수색 또는 심문을 받지 아니하며, 법률과 적법한 절차에 의하지 아니하고는 처벌·보안처분 또는 강제노역을 받지 아니한다.(중략)'는 조항은 조례를 통한, 주민의 권리 제한 또는 의무 부과를 제약한다. 현행 헌법은 지방자치단체의 자주적 인사, 조직, 예산권(입법권, 행정권)과 재정권(조세 법률주의), 형벌권(죄형 법률주의)을 원천적으로 봉쇄해 버렸다고 할 수 있다. 물론 법률을 통해서 지방자치단체에 위임을 하면 어느 정도 자치권을 더 가질 수는 있을 것이다.

헌법 제9장 경제 조항(제119조~제123조)도 경제 분야 규제, 조정, 보호, 육성 주체를 '국가'로 설정하였다. 여기서 말하는 국가는 '정치 공동체'를 의미하는 '나라'가 아니라 중앙정부 및 국회이다. 헌법 제9장은 지방자치단체를 경제 분야 규제, 조정의 주체에서 배제한다고 보아야 한다.

국가사무 처리 제한과 국가 위임 사무

지방자치법 제11조(국가사무의 처리제한)에서는 물가정책, 금융정책, 수출입정책 등 전국적으로 통일적 처리를 요구하는 사무는 국가(중앙정부)사무로 규정하였다. 최저임금, 퇴직금, 법정근로시간, 비정규직(사용사유와 사용기간) 규제, 해고 규제 등 근로기준도 국가 사무이고, 노동관계법도 마찬가지이다.

제11조(국가사무의 처리제한) 지방자치단체는 다음 각 호에 해당하는 국가사무를 처리할 수 없다. 다만 법률에 이와 다른 규정이 있는 경우에는 국가사무를 처리할 수 있다.

1. 외교, 국방, 사법(司法), 국세 등 국가의 존립에 필요한 사무

2. 물가정책, 금융정책, 수출입정책 등 전국적으로 통일적 처리를 요하는 사무

3. 농산물·임산물·축산물·수산물 및 양곡의 수급조절과 수출입 등 전국적 규모의 사무

4. 국가종합경제개발계획, 국가 하천, 국유림, 국토종합개발계획, 지정 항만, 고속국도·일반국도, 국립공원 등 전국적 규모나 이와 비슷한 규모의 사무

5. 근로기준, 측량단위 등 전국적으로 기준을 통일하고 조정하여야 할 필요가 있는 사무

6. 우편, 철도 등 전국적 규모나 이와 비슷한 규모의 사무

7. 고도의 기술을 요하는 검사·시험·연구, 항공관리, 기상행정, 원자력개발 등 지방자치단체의 기술과 재정능력으로 감당하기 어려운 사무

처지와 조건이 많이 다른 지방, 기업, 노동 등을 하나의 기준으로 규율하기에 법률 제개정이나 최저임금 같은 전국 단일기준을 둘러싸고 엄청난 갈등을 초래한다. 그뿐 아니라 지방 차원에서 정책적 실험 검증이 곤란하기에 정치 리더십(지자체장 등)의 품질 향상도, 정책 품질 향상도 기대하기 어렵다. 대부분의 선진국에서 지자체(주정부나 그 아래 지방정부) 사무로 되어 있는 교육사무도 한국에서는 국가사무거나 교육청 사무이다. 한국에서는 사법(법원과 검찰), 치안(경찰), 소방, 보건의료 사무도 국가사무이다. 소방 사무는 거의 모든 나라에서 지방사무이고, 한국에서도 1972년 서울시와 부산시에서 소방본부가 출범하여 1992년에는 광역 지

자체(특별시, 광역시, 도)는 다 소방본부를 갖추었으나, 광역 지자체장의 무관심과 홀대로 인한 불만이 비등하여 오히려 국가사무로 돌아갔다. 그래서 지방 소방본부는 무슨 특별행정기관처럼 되었다. 한편 기초 지자체마다 보건소는 있으나, 보건복지부의 산하기관처럼 움직인다. 지방자치단체장이나 지방의회의 결의로 사무, 인사, 조직을 바꾸기 어렵다.

한국 지방자치단체는 국가기관의 위임 사무가 적지 않다. 이는 크게 단체 위임 사무와 기관 위임 사무로 대별하는데, 전자(단체 위임 사무)는 국가 또는 상급 지자체로부터 해당 지자체에 처리를 위임한 사무를 말한다. 예컨대 예방접종에 관한 사무(감염병의 예방 및 관리에 관한 법률 제24조), 감염병원 예방조치에 관한 사무(감염병의 예방 및 관리에 관한 법률 제49조), 시·군의 국세징수사무(국세징수법 제8조), 시·도의 국도 수선·유지사무(도로법 23조), 보건소의 운영(보건소법), 농촌지도소의 운영(농촌진흥법) 등이다. 후자(기관 위임 사무)는 국가 또는 상급 지자체가 지자체장에게 처리를 위임한 사무로 지방의회가 관여할 수 없다. 호적, 주민등록사무, 병사사무, 대통령 및 국회의회의 선거에 관한 사무, 국민투표에 관한 사무, 경찰·소방사무, 지적, 국세조사, 산업통계, 국책국민저축, 기부금품 통제사무, 농지개발, 상공업 진흥, 수산업 진흥, 공유수면 매립사무 등이다.

특히 검찰이나 중앙부처가 일부 단속 업무를 지자체에 위임한 특별사법경찰권도 주민의 생활이나 생업에 큰 영향을 미칠 수 있다. 식품위생, 공중위생, 공원관리, 산림보호, 청소년 보호, 원산지 표시, 저작권 침해, 광고성 정보 등 수십 가지의 단속, 조사 사무가 그것이다. 만약 지자체장이나 공무원이 미운 털 박힌 가게나 기업에 편파적으로 사용하면 가게나 기업을 아주 힘들게 만들 수 있다. 예컨대 박원순 시장 시절(2012. 10. 10) 서울시 공무원과 자치구 담당 공무원 등을 포함하여 총 46명이 서울시내 3개(양평, 양재, 상봉) 코스트코 영업점에 대해 합동 점검을 벌여 총 41건의 불법 행위를 적발했다. 지하 1층 식품 매장에서 유통 기한 및 원산지 표시 등을 점검하고 과일 등 일부 품목은 농약 성분을 검사하기 위해 샘플을 수거하고, 건축기획과 직원들은 도면 및 서류상의 코스트코 건물 내역과 이용 현황을 확인하고, 교통지도과 직원들은 인근 도로에 대한 불법 주정차 여부를 점검하는 등의 점검과 단속 등으로 불법 주정차가 16건, 소방시설 미설치 및 부적합 9건, 옥외광고물 미신고 6건, 식품위생 불량 및 관련 신고 미이행 2건 등을 적발했다. 서울시는 코스트코에 시정 보완 조치를 내리고, 이행하지 않을 경우 벌금 및 영업정지 등의 처분을 내릴 것이라고 하였다. 이는 의무 휴업일을 위반한[5] 코스

5) 코스트코 인근의 이마트, 홈플러스, 롯데마트 등 대부분의 대형 마트와 기업형 슈퍼마켓(SSM) 점포는 법원으로부터 영업 제한(의무휴무) 조치에 대한 집행정지가처분 결정을 받고 의무 휴업일에 영업을 재개했지만, 코스트코는 한국체인스토어협회가 주도한 가처분 소송에 참여하지 않았음에도 불구하고 영업제한 규정을 위반했다는 이유다.

트코에 대한 표적 먼지털기식 단속이지만, 명백히 재량권 남용이다. 법원의 가처분 신청 인용의 정신을 부정하는 것이다. 무엇보다도 표적·먼지털기식 단속을 통해 사소한 규정 위반을 적발하여 엄청난 손실이 나는 영업정지를 때릴 수 있다는 사실 자체가 여간 심각한 문제가 아니다. 털면 먼지가 나오지 않을 수 없게 만든 촘촘하고 비현실적인 규정·규제가 많은 것이 근본 문제이고, 직권남용인 표적·먼지털기식 조사, 단속, 수사에 아무런 견제 장치가 없어서 문제이고, 사소한 규정 위반에 대해 너무 가혹한 징벌(영업 정지 등)이 모든 개인과 기업들로 하여금 국가 권력을 두려워하게 만든다는 얘기이다.

전형적인 포지티브 규제

지방자치법 제9조에는[6] 지방자치단체가 할 수 있는 일, 즉 사무 범위가 예시되어 있고, 제10조(지방자치단체의 종류별 사무배분 기준)와 관련 시행령에서 지방자치단체의 사무를 세세히 규정하고 있다. '명시적으로 허용한 것만 하도록 하는' 전형적인 포지티

---

6) (지방자치법) 제9조(지방자치단체의 사무범위) ①지방자치단체는 관할 구역의 자치사무와 법령에 따라 지방자치단체에 속하는 사무를 처리한다. ②제1항에 따른 지방자치단체의 사무를 예시하면 다음 각 호와 같다. 다만 (…) 제22조(조례) 지방자치단체는 법령의 범위 안에서 그 사무에 관하여 조례를 제정할 수 있다. 다만, 주민의 권리 제한 또는 의무 부과에 관한 사항이나 벌칙을 정할 때에는 법률의 위임이 있어야 한다

브 규제인 것이다.

지방자치법 제9조(지방자치단체의 사무범위) ② 항(예시)

1. 지방자치단체의 구역, 조직, 행정관리 등에 관한 사무

2. 주민의 복지증진에 관한 사무

가. 주민복지에 관한 사업/ 나. 사회복지시설의 설치·운영 및 관리/ 다. 생활이 곤궁(困窮)한 자의 보호 및 지원/ 라. 노인·아동·심신장애인·청소년 및 여성의 보호와 복지증진/ 마. 보건진료기관의 설치·운영/ 바. 전염병과 그 밖의 질병의 예방과 방역/ 사. 묘지·화장장(火葬場) 및 납골당의 운영·관리/ 아. 공중접객업소의 위생을 개선하기 위한 지도/ 자. 청소, 오물의 수거 및 처리/ 차. 지방공기업의 설치 및 운영

3. 농림·상공업 등 산업 진흥에 관한 사무

가. 소류지(小溜池)·보(洑) 등 농업용수시설의 설치 및 관리/ 나. 농산물·임산물·축산물·수산물의 생산 및 유통지원/ 다. 농업자재의 관리/ 라. 복합영농의 운영·지도/ 마. 농업 외 소득사업의 육성·지도/ 바. 농가 부업의 장려/ 사. 공유림 관리/ 아. 소규모 축산 개발사업 및 낙농 진흥사업/ 자. 가축전염병 예방/ 차. 지역산업의 육성·지원/ 카. 소비자 보호 및 저축 장려/ 타. 중소기업의 육성/ 파. 지역특화산업의 개발과 육성·지원/ 하. 우수 토산품 개발과 관광

민예품 개발

4. 지역개발과 주민의 생활환경시설의 설치·관리에 관한 사무

가. 지역개발사업/ 나. 지방 토목·건설사업의 시행/ 다. 도시계획 사업의 시행/ 라. 지방도(地方道), 시군도의 신설·개수(改修) 및 유지/ 마. 주거생활환경 개선의 장려 및 지원/ 바. 농촌 주택개량 및 취락구조 개선/ 사. 자연보호활동/ 아. 지방1급하천, 지방2급하천 및 소하천의 관리/ 자. 상수도·하수도의 설치 및 관리/ 차. 간이급 수시설의 설치 및 관리/ 카. 도립공원·군립공원 및 도시공원, 녹지 등 관광·휴양시설의 설치 및 관리/ 타. 지방 궤도사업의 경영/ 파. 주차장·교통표지 등 교통편의시설의 설치 및 관리/ 하. 재해대책의 수립 및 집행/ 거. 지역경제의 육성 및 지원

5. 교육·체육·문화·예술의 진흥에 관한 사무

가. 유아원·유치원·초등학교·중학교·고등학교 및 이에 준하는 각 종 학교의 설치·운영·지도/ 나. 도서관·운동장·광장·체육관·박물 관·공연장·미술관·음악당 등 공공교육·체육·문화시설의 설치 및 관리/다. 지방문화재의 지정·보존및 관리/ 라. 지방문화·예술의 진흥/ 마. 지방문화·예술단체의 육성

6. 지역민방위 및 지방소방에 관한 사무

그런데 지방자치단체 사무로 규정된 것조차 국가=중앙정부는

'법령'에 근거한 규제와 '예산'(보조금과 교부금) 등을 통해 얼마든지 국가가 좌지우지할 수 있다. 예컨대 도서관은 지자체 사무로 되어 있으나, 문화체육관광부가 관할하는 도서관법과 교육부가 관할하는 대학도서관법 및 학교도서관법으로 지자체의 자율권 행사를 틀어막아 놓았다. 도서관 사서 인원 기준은 도서관법 시행령(대통령령)의 별표에 정해져 있다. 공공도서관의 경우 '도서관 건물 면적이 330제곱미터 이하인 경우에는 사서 직원 3인을 두되, 그 면적이 330제곱미터 이상인 경우에는 그 초과하는 330제곱미터마다 사서 직원 1인을 더 두며, 장서가 6천 권 이상인 경우에는 그 초과하는 6천 권마다 사서 직원 1인을 더 둔

■ 지방자치단체의 행정기구와 정원기준 등에 관한 규정 **[별표1]** 〈개정 2019. 4. 30,〉

시·도의 실·국·본부 설치기준(제9조제1항 관련)

구분		실·국·본부의 수
서울특별시		16 개 이상 18개 이하
광역시	인구 350만 이상 400만 미만	14개 이상 16개 이하
	인구 300만 이상 350만 미만	13개 이상 15개 이하
	인구 250만 이상 300만 미만	12개 이상 14개 이하
	인구 200만 이상 250만 미만	11개 이상 13개 이하
	인구 200만 미만	10개 이상 12개 이하
세종특별자치시		6개 이상 8개 이하
도	경기도	20개 이상 22개 이하
	인구 300만 이상 400만 미만	11 개 이상 13개 이하
	인구 200만 이상 300만 미만	10개 이상 12개 이하
	인구 100만 이상 200만 미만	9개 이상 11개 이하

다'고 되어 있다. 책 6천 권 마련에는 평균 1억 원이 안 드는데, 사서 직원 1명은 매년 6,000만 원~1억 원이 든다. 당연히 법정 사서 충족률은 10% 남짓이다. 지방자치법령에는 지자체들의 부단체장 수, 조직의 실, 국, 본부 수 등을 세세하게 규정하고 있다. 지방자치단체의 행정기구와 정원 기준 등에 관한 규정(대통령령 제30515호, 2020. 3. 10)의 제9조(시·도의 기구설치기준)①에 따르면 '실·국·본부의 설치 기준은 별표 1과 같다'고 되어 있는데, 별표 1은 이렇다.

제10조(시·도의 실장·국장·본부장·담당관·과장 등의 직급기준 등)① 에서는 '시·도 본청에 두는 실장·국장·본부장·담당관과 과장 등 보조·보좌기관의 직급기준 등은 별표 2와 같다'고 되어 있는데, 별표 2의 주요 내용은 다음과 같다.

그 외에도 국회는 법률 사항으로 정할 수도 있는 많은 기준과 원칙을 대통령령에 위임해 버렸다. 국가공무원 총정원령과 방통위, 금융위, 금융통화위, 최저임금위, 원자력안전위 구성과 각종 연기금 및 공공기관 지배구조 등, 무소불위 대통령은 이런 무분별한 위임들이 모이고 모여서 탄생하였다. 한국의 지방자치 관련 법령에는 보충성의 원칙이라는 개념 자체가 완전 실종 상태라고 해도 과언이 아니다.

■ 지방자치단체의 행정기구와 정원기준 등에 관한 규정 **[별표2]** 〈개정 2019. 4. 30.〉

시·도에 두는 보조·보좌기관의 직급기준 등

1. 본청의 실장 국장 본부장(제10조제1항 관련)

구분	기획 담당 실장	재난안전 담당 실·국·본부장	실·국·본부장	소방담당 본부장
서울특별시	「국가공무원법」 제2조에 따라 고위공무원단에 속하는 일반직공무원	1급 또는 2급 일반직지방공무원	1급 또는 2급 일반직지방공무원(4명)	소방경감
			2급 또는 3급 일반직지방공무원	
부산광역시		2급 또는 3급 일반직지방공무원	2급 일반직지방공무원(1명)	소방경감
			2급 또는 3급 일반직지방공무원(2명)	
			3급 일반직지방공무원	
인천광역시		2급 또는 3급 일반직지방공무원	3급일반직지방공무원	소방감
광역시(부산·인천은 제외한다)		2급 또는 3급 일반직지방공무원	3급일반직지방공무원	소방준감
세종특별자치시		2급 또는 3급 일반직지방공무원	3급일반직지방공무원	지방소방준감
경기도		2급 또는 3급 일반직지방공무원	2급 또는 3급 일반직지방공무원(2명, 이 중 1명은 행정(2)부지사 밑에 두는 기획 담당 실·국장)	소방영감
			3급일반직지방공무원	
강원도 충청남도 전라남도 경상남도		2급 또는 3급 일반직지방공무원	3급일반직지방공무원	소방감
충청북도 전라북도		2급 또는 3급 일반직지방공무원	3급일반직지방공무원	소방준감

　한국의 지방자치제도는 세계에 유사 사례가 거의 없는 기형이다. 미국, 스위스, 독일, 영국, 프랑스 등과는 비교 자체가 불가능하고, 원조 집(?)인 일본과 비교해도 여간 기형적이지 않다. 한국은 분리나 이양이 필요한 사무를 지자체가 껴안고 있고(복지 등) 통합적으로 관리 운영해야 할 사무를 분리해서 수행하면서 엄청

난 낭비를 초래하고 있다(초중고 교육과 보건의료). 자율책임 원리에 따라 처리해야 할 사무(인사, 조직, 예산 등)를 타성에 젖어 무책임하게 처리하고 있다. 무엇보다도 정치와 정당의 기형으로 인한 문제점(주민과 소통, 지자체 운영 노하우 축적, 대의기관에 대한 교육과 사업 선도)이 공론화조차 되지 않고 있다. 지방자치의 기형은 바로 정치와 정당의 기형의 투영이라고 보아야 한다. 그런 점에서 다선 의원으로서 지방자치의 정상화나 내실화를 위한 투쟁을 하지 않았다면, 다시 말해 긴 의정활동 과정에서 사적 자치, 즉 시장 자치와 공동체(교회, 학교, 정당 등) 자치의 발전을 위해 투쟁하지 않았다면, 적어도 서울시장이나 부산시장 같은 광역지방자치단체장에 출마할 자격은 없다고 보아야 한다.

현재 한국의 지방자치단체는 자치권이 협소하니 자체적 구상(기획) 기능이 매우 취약하다. 단순 실행 기능만 있다고 해도 과언이 아니다. 1990년대 중반 지방자치제 실시 이전에는 중앙정부가 구상하고, 지방정부가 실행하는 구도였다. 하지만 지방자치제가 실시되면서 당연히 중앙과 지방의 유기적 결합 관계가 매우 약화되었다. 하지만 지자체는 인사(승진, 보직)권과 예산(편성)권 등은 큰 폭으로 행사하지만, 사업 수행에 필요한 다른 권한, 즉 필요한 인력의 임면(채용과 면직), 급여 책정, 조직 구성, 재원 조달(새로운 세목 신설 또는 예산 전용) 권한 등은 거의 없다.

헌법과 지방자치법령 등에 의해 지자체가 자율적으로 수행할 수 있는 사무가 매우 제한되어 있으니 지자체의 구상 기능이 살아날 수가 없게 되어 있다. 결과적으로 중앙정부가 구상한 정책을 단순 집행하고, 그 결과나 현황을 보고하는 말단 행정기관적 성격이 강하다. 독자적인 구상은 자율에 따르는 책임, 목표(포부), 주민의 요구 등 주·객관적인 조건 분석과 동원 가능한 자원 파악 등을 필요로 한다. 당연히 지자체의 총괄 책임자인 지자체장이 주요 사무를 꿰고 있어야 한다. 하지만 구상 기능이 형해화되면서 지자체는 전체를 통할하는 꿈도 목표나 포부도 없는 기괴한 조직이 되었다. 중앙정부가 건 전달 벨트에 의해 지자체 조직의 일부가 돌아간다고나 할까? 그래서 지자체장, 부서, 개별 공무원은 자신의 가치와 이익을 좇아서 각개 약진한다. 지자체는 머리를 잃어도 다리들이 제각기 꿈틀거리는 산낙지 같은 존재가 된 것이다.

도와 특별시·광역시

광역지자체인 특별시, 광역시, 도와 기초지자체인 시, 군, 구의 역할과 권한의 차이는 대통령령에 근거하고 있다. 광역지자체인 도는 행정 구역이 넓은 관계로 독자적인 사무보다는 중앙과 시군을 연결해주는 업무와 행정감독 사무가 상당 비중을 차지한다. 중앙과 시군을 연결해 주는 사무가 대략 80%, 행정감독사무 15%, 고

유 사무 5%로 추정한다. 도는 시, 군을 통하지 않는 독자적인 프로젝트가 별로 없다. 자원을 배분하는 역할을 주로 한다. 그래서 시 행정은 하고 싶은 것을 직접 한다는 의미에서 당구에서 '알다마'에 비유한다면, 도 행정은 하고 싶은 것을, 아래 시군으로 하여금 하게 만들도록 유도하고 지원한다는 의미에서 '쓰리쿠션'이라고 한다.

특별시나 광역시는 좁은 행정구역에 인구가 밀집되어 있어서, 권한이 구청이 아니라 특별시나 광역시에 있다. 그래서 특별시, 광역시가 주도적으로 사업을 펼칠 수 있는 여지가 많다. 반면에 자치구는 대도시 행정의 통일성이라는 측면 때문에 독자성을 발휘할 여지가 좀 적다. 자치구는 시의 하위 기관의 성격이 강하다. 그런데 인구가 적은 군은 공무원이 조선시대 아전적 지위를 가지고 군을 거의 지배하고 있다고 해도 과언이 아니다.

지방자치발전종합계획

2014년 12월 발표된 '지방자치발전 종합계획' (심대평 대통령직속 지방자치발전위원장)의 핵심은 자치사무와 국가사무의 구분체계 정비, 중앙정부의 권한 및 사무의 지방이양, 지방재정 확충 및 건전성 강화, 교육자치와 지방자치 연계·통합 노력, 자치경찰제도 도입, 대도시 특례제도 개선, 특별·광역시 자치구·군의 지위 및 기능 개편, 읍·면·동 주민자치회 도입 등이다. 4개 분야 20대 정책과 제로 구성된 이 계획은 비록 광역시, 특별시 기초의회 폐지 문제로 인해 격렬한 반발을 불러일으켜 사장되다시피 했다. 문제가 된 것은 광역시 구·군 단위 기초단체장인 구청장과 군수를 시장이 임명하고, 기초의회를 폐지하며, 특별시는 구청장 직선제를 유지하되 구 단위 기초의회 폐지한다는 내용이다.

그런데 진짜 문제는 앞에서 보았듯이 한국은 너무 많은 중추 기능이 국가에, 관료에, 중앙에, 소수에 집중되어 있다는 것이다. 이는 국가사무의 지방 이전, 지방재정 확충 정도로 해결될 수 있는 것이 아니다. 지방정치의 두뇌 내지 심장 기능을 할 지방정치 조직이 중앙정치의 식민지화되어 있는 한 지방자치 역량이 성장하기는 쉽지 않다. 지자체의 또 하나의 두뇌이자 민주적 통제의 요체인 인사조직-고용임금의 자치(자율)권도 거의 없다. 물론 이는 아직까지는 자치(자율)권 요구 항목에도 들어 있지 않다. 이로 인한 후폭풍을 지자체도, 중앙정부도 감당할 수 없기 때문이 아닐까 한다. 그뿐 아니라 시장 자체가 독과점, 공기업, 국가규제, 지역간 발전 격차와 소득 양극화라는 난제를 안고 있는데, 하나하나가 풀기가 쉽지 않다. 재정도 지방재정도 문제이지만, 1장에서 보았듯이 중앙정부의 재정도 여간 심각한 상황이 아니다. 물론 이것은 정부의 사업, 인력, 조직, 근로조건(임금, 연금, 복리후생 등) 구조 개혁이나 증세 없이 해결할 수 없다. 당연히 증세는 조세 저변의 확충, 즉 일자리, 양극화, 저성장 문제를 해결해야 풀린다.

무엇보다도 거대하고 복잡한 대한민국이라는 국가를 민주적으로 지혜롭게 끌어 나갈 정치 두뇌(정당)의 구조적 혼미, 무능의 문제도 여간 심각한 상황이 아니다. 사실 지방자치의 문제도, 균형발전의 문제도, 중앙에 산더미처럼 쌓여 있는 자원을 지방 세력이 총단결해서 쟁취하면 해결되는 것이 아니다. 사회 전체적인 권한-책임, 권리-의무(기여), 혜택-부담, 자리-실력, 현 세대 권리-미래 세대 권리 등의 조화와 균형의 관점에서 풀어야 하는 것들이다.

지방정부는 지역에서, 중앙정부라면 감히 실험하기 힘든 정책(사업) 모델, 즉 새로운 권리-의무, 권한-책임, 혜택-부담 관계를 실험을 통해 그 효능을 검증하는 역할을 자임해야 한다. 검증된 실험에 관한한 전국 확산 센터로 기능해야 한다.

교육 평준화를 따른 지방 행정 평준화

조선왕조, 식민통치, 개발독재의 유산을 너무 많이 물려받은 국가=중앙정부가 수많은 법령과 위임 사무를 통해 지방정부의 행위(조례, 인사, 조직, 사업 등)를 촘촘히 통제하고 강제하다 보니,

집행부(지자체 수장)의 경영 능력 차이가 잘 드러나지 않게 되어 있다. 한국 지방행정 내지 자방정책을 관통하는 철학은 재정력이나 공무원의 역량에 따른 지방 간 격차를 최소화하는 것이라고 해도 과언이 아니다. 이에 따라 국가나 국영기업(공기업)이 직접 공급하거나 국가 규제(직업공무원제와 총액 인건비제 등)를 통해 전국적으로 일률적인 공공서비스(치안, 교육, 보건의료, 교통 등)를 제공하였다. 동시에 지방 교부금을 통해 재정적 여건에 상관없이 기본적인 행정 서비스가 이루어지도록 하였다. 중앙정부가 기획한 사업은 국고 보조금(매칭 예산)을 지렛대로 지방정부를 통솔하였다. 결과적으로 중앙정부(교과부)가 교육과정, 평가방식, 교육시설, 교육인력을 교육 관련 법령으로 획일적으로 통제=평준화함으로써 엇비슷하게 된 중고등학교처럼 지방행정도 비슷하다. 사실 중고교 평준화 철학이나 지방(행정 서비스) 평준화 철학이나 거의 같다고 할 수 있다. 그러니 국경을 넘을 때와 달리 지방자치단체의 경계를 넘을 때 그 수장과 의원들의 철학, 가치, 실력에 따른 차이를 거의 느낄 수 없는 것이다.

하지만 평준화 지역 학교에서도 선생님과 교장의 역량에 따른 차이가 결코 작지 않은 것처럼 지방자치단체도 마찬가지이다. 아무리 중앙정부가 촘촘히 통제한다 하더라도 지자체의 재량권은 평준화된 학교의 천 배, 만 배는 될 것이다. 그래도 교육, 치안, 재정(세금과 예산), 인사조직 등에서 재량권이 큰 선진국 지방정부에는 한참 못 미치지만 말이다. 요컨대 권능과 예산상의 한계가 명백하다 하더라도, 지자체는 재량을 발휘할 여지가 상당 부분 있다. 아무리 평준화의 틀 속에 갇혀 있고, 또 입학 시 성적이 비슷해도 교장과 교사의 창의와 열정에 따라 졸업 시 성과 차이가 적지 않은 것을 대표적 사례로 꼽을 수 있을 것이다. 물론 학교장 재량권이 좀 더 큰 혁신학교나 특목고나 대안학교는 훨씬 큰 차이를 보여 준다.

너무 크고 경직된 한국의 지방자치단체

주요 국가의 기초지방자치단체의 평균 인구를 비교하면 한국은 227,638명인데 반해, 스위스 2,631명, 독일 5,825명, 미국 9,043명, 일본 73,457명이다. 미국의 카운티 정부는 인구 1만 명

대한민국 100,295㎢ 51,446,201명		일본 377,915㎢ 126,860,000명	스위스 41,285㎢ 7,604,467명	독일 357,114㎢ 80,722,792명	미국 9,826,676㎢ 324,510,000명
중앙정부		중앙정부	연방정부	연방정부	연방정부
특·광역시 (7+1)	도(8+1)	都道府縣(47)	칸톤(20+6(반주))	주(Land)(16)	State(50)
구(69)	시(75) 군(82)	市町村 (786시,941정/촌)	게마인데(2,890)	Kreis(323) Kreisfreie Stadt(117) 게마인데(13,857)	County(3031) Municipl(19,522) Town(16,364)
					미국 특별 목적 지방정부 School district(12,864) Special district(37,203)

이하가 671개(22.1%), 1만~2만 5,000명 미만이 828개(27.3%), 2만 5,000~5만 명 미만이 615개(20.3%), 5만~10만 명 미만이 390개(12.9%)를 차지한다. 물론 인구 50만 명 이상 106개(3.5%) 카운티가 총 인구의 44.0%를 차지한다.

한국의 기초 지방자치단체는 지방자치와 주권재민의 정신과 방법이 구현되기에는 너무나 크다. 다시 말해 지자체(장, 의원, 공무원)가 주민으로부터 너무 먼 곳에 있다. 게다가 불투명하기까지 하기에 공공서비스 소비자와 공급자간 정보의 비대칭성이 크다. 공공서비스 공급자(권력기관) 간 견제장치도 부실하고 국민, 주민에 의한 통제도 부실하다. 공공사무나 공공정책에 대해 자신이 참여, 숙의, 결정하고 필요한 의무, 부담을 안는 자리, 즉 마을 총회(타운 미팅) 자체가 사실상 불가능하기 때문이다. 지자체가 큰 만큼 몇 천 개의 사무를 처리해야 한다. 하지만 미국의 기초 지자체(타운&타운십, 뮤니시펄리티Municipality)나 카운티가 수행하는 경찰, 소방, 교육 등의 사무는 제외되어 있다.

일각에서 지자체를 (공동체성을 무시하고) 인구 60~100만 명 단위로 통폐합하여 규모의 경제를 갖추고, 도를 없애 버리고 지자체와 중앙정부를 바로 연결하는 2층 구조로 지방행정체계를 개편하자는 안이 있다. 그런데 지자체는 행정 서비스 생산공급 단위 이상이다. 일본은 47개 광역단체가 있는데 인구로 따지면 인구 1,300만 명이 넘는 도쿄 도都와 인구 60만 명도 안 되는 돗토리 현도 다 같은 레벨의 광역단체다. 면적도 홋카이도는 남한의 83%인 8만 3,000㎢인데 반해 가장 작은 곳은 오사카 부와 가가와 현으로 한국의 제주도와 거의 같다.

일본 47개 도도부현都道府縣 현황

순	도도부현	총인구(명)	면적(㎢)	순	도도부현	총인구(명)	면적(㎢)
1	홋카이道	5,506,419	83,457	25	시가	1,410,777	4,017
2	아오모리	1,373,339	9,645	26	교토府	2,636,092	4,613
3	이와테	1,330,147	15,279	27	오사카府	8,865,245	1,899
4	미야기	2,348,165	7,286	28	효고	5,588,133	8,396
5	아키타	1,085,997	11,636	29	나라	1,400,728	3,691
6	야마가타	1,168,924	9,324	30	와카야마	1,002,198	4,726
7	후쿠시마	2,029,064	13,783	31	돗토리	588,667	3,507
8	이바라키	2,969,770	6,096	32	시마네	717,397	6,708
9	도치기	2,007,683	6,408	33	오카야마	1,945,276	7,113
10	군마	2,008,068	6,362	34	히로시마	2,860,750	8,480
11	사이타마	7,194,556	3,798	35	야마구치	1,451,338	6,114
12	치바	6,216,289	5,157	36	도쿠시마	785,491	4,147
13	도쿄都	13,159,388	2,188	37	가가와	995,842	1,877
14	가나가와	9,048,331	2,416	38	에히메	1,431,493	5,678
15	니이가타	2,374,450	12,584	39	고치	764,456	7,105
16	도야마	1,093,247	4,248	40	후쿠오카	5,071,968	4,977
17	이시카와	1,169,788	4,186	41	사가	849,788	2,440
18	후쿠이	806,314	4,190	42	나가사키	1,426,779	4,105
19	야마나시	863,075	4,465	43	구마모토	1,817,426	7,405
20	나가노	2,152,449	13,562	44	오이타	1,196,529	6,340
21	기후	2,080,773	10,621	45	미야자키	1,135,233	7,736
22	시즈오카	3,765,007	7,780	46	가고시마	1,706,242	9,189
23	아이치	7,410,719	5,165	47	오키나와	1,392,818	2,276
24	미에	1,854,724	5,777	일본 전국		128,057,352	377,950

자료 : 2010년 국세조사 인구 등 기본집계 (총무성 통계국), 2010. 10. 1현재

일본은 도쿠가와 막부 아래에서 지방 영주(260개 번)의 재량권이 폭넓게 인정되었다. 메이지 유신 이후 이들은 현(폐번치현)으로 되고, 영주들은 지사가 되었다. 그래서 과거 영주(번주)들의 재량권은 대폭 줄어들었다. 그럼에도 불구하고 중국, 조선과 달리 뿌리 깊은 일본의 지방자치의 전통은 많이 죽지 않았다. 무엇보다도 자유민주주의 자체가 지방자치를 토대로 하기 때문이다. 이는 공무원 숫자에서 단적으로 드러난다. 일본 인사원 자료에 따르면 일본의 국가 공무원은 58만 3,000명, 지방 공무원은 274만 9,000명이다.

공산당 일당 독재국가라는 중국도 성省, 직할시 등 지방(자치)정부가 미국 주정부 수준의 재량권을 가지고 있다. 이는 세수가 말해 준다. 2015년 기준 인구 2,500만 명 내외의 중국 상하이 시의 세수 규모는 1조 1,230억 4,000만 위안으로, 약 203조 6,000억 원이었다. 평균 소득이 중국의 2배가 넘지만 인구 1,000만 명 수준인 서울의 세입예산은 27조 4,996억 원에 불과했다. 지방세와 세외수입 합쳐서 14조 9,055억 원과 각종 의존 재원(지방교부세, 조정교부금, 보조금)을 합친 게 이 정도이다. 부가세, 법인세, 소득세, 교통세 등은 중앙정부가 걷는다. 그런데 상하이 시는 한국으로 치면 중앙정부가 걷고, 중앙정부가 주도적으로 사용하는 세금을 걷어서 사용한다. 자치권이 큰 만큼 세수 부족 내지 재정 파탄에 따른 책임도 진다.

지방 예산

2020년 당초 예산(639.4조 원) 기준으로 국가(중앙정부) 예산과 지방자지단체 예산의 비율은 60.4%(386.2조 원) 대 39.6%(253.2조 원)이다. 2013~14년에는 62.7% 대 37.3%였으니 지방예산 비중이 다소 늘어난 셈이다. 국가 예산과 지방자치단체 예산에 포함되어 있는 지방교육 예산을 따로 분리하면, 54.1대 35.5대 10.4이다. 재정사용액 기준으로 하면 40.7대 45.0대 14.3이다. 하지만 지방자치단체나 지방교육청이 이를 자유롭게 편성, 사용하는 것은 아니다. 일단 이 지방자치단체나 지방교육청이 별도의 주머니를 가진 이상 이 예산은 칸막이를 넘어 이동, 전용이 어렵다.

2020년 당초 예산 기준 국가예산 대 지방예산 비율 및 금액

(단위: %, 억 원)

	중앙정부	지방자치단체	지방교육청
예산규모 기준(%)	54.1	35.5	10.4
예산규모 기준(억원)	3,862,379	2,532,263	739,014
총 재정사용액 기준(%)	40.7	45.0	14.3
총 재정사용액 기준(억원)	2,163,914	2,396,034	761,310

https://www.index.go.kr/potal/stts/idxMain/selectPoSttsIdx-MainPrint.do?idx_cd=1045&board_cd=INDX_001

지방예산은 주민들로부터 직접 징수되는 금액(지방세와 세외수입)은 2020년 현재 전체 345조 중 118.6조 원(34%)에 불과하고, 중앙정부로부터 지방교부세 49.4조 원(14%), 보조금(교육재정교부금 포함) 124.2조 원(36%)이다. 그러니 주민들이 지방 예산을 엄격하게 통제할 유인도, 통로도 별로 없다.

재원별 세입예산

(단위 : 백만 원, %)

구분	2019년	2020년	2020년 비중	증감율
총괄	313,056,956	345,019,731	100%	10.20
● 자체수입	107,508,924	118,581,797	34%	10.29
지방세수입	83,038,742	92,364,755	27%	11.23
세외수입	24,470,181	26,217,042	8%	7.13
● 이전수입	164,500,112	184,608,744	54%	12.22
지방교부세	43,295,447	49,370,516	14%	14.03
조정교부금등	10,023,091	10,989,596	3%	9.64
보조금	111,181,574	124,248,632	36%	11.75
● 지방채	3,728,727	5,560,450	2%	49.12
● 보전수입등및내부거래	37,319,194	36,268,739	11%	-2.81

https://lofin.mois.go.kr/websquare/websquare.jsp?w2xPath
=/ui/portal/stat/local/budget/sd002_bg210.xml

지방세기본법(2017. 7. 26 시행) 제8조(지방자치단체의 세목)에는 지자체별 징수 가능한 세목이 적시되어 있다.

① 특별시세와 광역시세는 다음 각 호와 같다. 다만, 광역시의 군(군) 지역에서는 제2항에 따른 도세를 광역시세로 한다.

1. 보통세: 가. 취득세 나. 레저세 다. 담배소비세 라. 지방소비세 마. 주민세 바. 지방소득세 사. 자동차세

2. 목적세: 가. 지역자원시설세 나. 지방교육세

② 도세는 다음 각 호와 같다.

1. 보통세: 가. 취득세 나. 등록면허세 다. 레저세 라. 지방소비세

2. 목적세: 가. 지역자원시설세 나. 지방교육세

③ 구세는 다음 각 호와 같다.

1. 등록면허세 2. 재산세

④ 시·군세(광역시의 군세를 포함한다. 이하 같다)는 다음 각 호와 같다.

1. 담배소비세 2. 주민세 3. 지방소득세 4. 재산세 5. 자동차세

(중략)

지방 세입의 27%의 수준인 지방세의 세목을 보면 취득세(26%), 지방소득세(19%), 재산세(14%), 지방소비세(13%), 지방교육세(7%), 담배소비세(4%) 순이다.

2019년 기준 지방세에서 큰 비중을 차지하는 취득세(26%), 자동차세(9%) 담배소비세(4%) 등은 지자체가 시정을 잘해도 그에 따라 늘어나는 것이 아니다. 특히 취득세는 부동산 경기를 너무 타고, 그나마 기획재정부가 경제(부동산 경기 활성화) 정책 수단으로 즐겨 사용한다. 그리고 국회가 일방적으로 지방정부에 의무를 부과하기도 한다. 취득세의 일방적 인하는 돈 들어오는 구멍을 좁히고, 무상 보육 정책은 돈 나가는 구멍은 넓힌 격이다. 결

지방세 주요 세목

	취득	등록면허	레저	지방소비	주민	재산	자동차	지방소득	담배소비	지역자원시설	지방교육
특별시·광역시	●		●	●	●		●	●	●	○	○
도	●	●	●							○	○
시군					●	●	●	●	●		
구		●				●					

정은 국가(중앙정부)가 하고 돈은 지자체가 내서 복지 확대를 하는 경우는 흔하다. 한국은 지방행정을 잘한다고 해서 지방 세입이 늘어나는 구조도 아니다. 지자체는 세입을 늘리기 위해 고심하지 않는다. 엄밀히 말하면 돈을 걷는 부담은 사실상 없고, 오로지 쓰는 것만 고민하면 된다. 그러니 한국의 지방자치제도는 낭비와 선심 쓰기가 구조화되어 있다. 지방의회도 지방 주민들도 이 예산에 대해 제대로 심의도 통제도 하지 못하고 있다. 그럴 만한 유인도 별로 없다. 이 틈을 타 지방자치단체장들의 포퓰리즘이 판을 치고 있다. 2018년에 신설된 현금성 복지만도 489건 약 4,300억 원에 이른다. 그런데 현금성 복지보다 훨씬 큰 돈이 토목건설 업자들에게 가고 있다. 무엇보다도 공무원 인사권과 예산편성권(거대한 이권 배분권)을 쥔 지방자치단체장 및 지방 공무원에 대한 견제, 감시, 평가 장치가 너무나 부실하다. 그럼에도 불구하고 지방분권의 이름 하에 예산의 운용 효율을 따지지 않고,

엄청나게 많은 예산이 지자체에 그야말로 폭포수처럼 퍼부어지고 있다. 요컨대 예산 낭비가 구조화되어 있지만 자체 감사기구, 지방의원, 지방 언론, 지방 주민에 의한 평가, 검증, 견제는 사실상 불가능하다.

지방세 세목별 비중 [7]

(단위 %)

연도	취득세	등록면허세*	지방교육세	주민세	재산세	자동차세	지방소득세	지방소비세**	담배소비세	기타
1991	19	24	9	9	-	8	-	-	21	5
2001	14	21	13	13	-	7	-	-	9	15
2011	27	0	10	0	15	12	18	6	5	8
2012	26	0	9	1	15	12	19	6	5	8
2013	25	0	9	1	15	13	19	6	5	7
2014	27	-	9	2	14	11	16	10	5	7
2015	29	-	8	2	13	10	18	8	4	7
2016	29	-	8	2	13	10	17	9	5	7
2017	29	-	8	2	13	10	18	9	5	6
2018	28	0	8	2	14	9	20	9	4	4
2019	26	2	7	2	14	9	19	13	4	4

*각주8) **각주9)

---

7) http://www.index.go.kr/potal/stts/idxMain/selectPoSttsIdxSearch. do?idx_cd=1050&stts_cd=105003&clas_div=&idx_sys_cd=
8) 등록세액의 100분의 20 / 레저세액의 100분의 40 / 균등할 주민세액의 100분의 10 / 재산 세액의 100분의 20 / 자동차 세액의 100분의 30 / 담배 소비세액의 1만 분의 4,399 ※ 자치단체 조례에 의하여 표준세율의 100분의 50 범위 내에서 가감 조정 가능.
9) 부가가치세액의 100분의 21

지방 예산의 대부분은 중앙정부의 규제와 정책으로 통제해 왔다. 한편, 지자체장이나 지방의원들은 대체로 과두 지배체제인 정당과 그 유력자인 국회의원들의 하수인들이기에 그 공심과 자질이 높을 수가 없다. 그 결과가 지금의 약탈적이고 낭비적 예산 사용 행태이다. 물론 이는 사람(지방자치단체장과 의원과 지방 공무원)의 문제가 아니라 압도적으로 제도의 문제이다. 권한과 책임의 불일치 문제이다. 지방정부 세입의 36%를 차지하는 국고보조 항목은 대략 1,800개 가량이다. 그 중 대표적인 것이 공항, 항만, 국도, 지하철, 올림픽, 월드컵, 아시안게임, 세계 육상·수영 선수권 대회 등 국제경기대회[10] 등이다. 그래서 지자체들마다 이를 유치하여 국비로 도로, 철로, 공원 등을 정비하기 위해 혈안이다. 텅 빈 지방 공항이 양산되는 것은 기본적으로 국비로 건설하기 때문이다.

그런데 정작 필요한 특별시, 광역시의 달동네의 좁은 소방도로는 국고 보조 대상이 아니다. 반면에 수요도 별로 없는 오지, 낙도의 국도는 국고 보조 대상이다. 이를 따 오면 지역구 국회의원들의 큰 치적이 된다. 대도시 달동네의 소방도로는 수혜자도 많

---

10)국제경기대회 지원법(약칭: 국제경기대회법)에는 가. 국제올림픽위원회, 국제장애인올림픽위원회가 주관하는 올림픽대회, 나. 아시아올림픽평의회, 아시아장애인올림픽평의회가 주관하는 아시아경기대회, 다. 국제대학스포츠연맹이 주관하는 유니버시아드대회, 라. 국제축구연맹이 주관하는 월드컵축구대회, 마. 국제육상경기연맹이 주관하는 세계육상선수권대회, 바. 국제수영연맹이 주관하는 세계수영선수권대회, 사. 그 밖에 중앙정부의 지원이 필요한 대회로서 대통령령으로 정하는 대회

고, 주민의 생명권, 삶의 질과도 관련이 깊지만 국고보조 규정이 그렇게 되어 있고, 농·산·어촌 국회의원의 이해관계가 이를 뒷받침하기에 좀체 고쳐지지 않는다. 이용자도 별로 없는 광주광역시 지하철이 건설되는 것도 바로 그것이 국고 보조 사업이기 때문이다. 광주 지하철 2기 예산 소요액이 1조 7,000억 원 가량 되는데, 그 중 60%가 국비 보조이고, 10%는 장기 저리 융자금이고, 30%는 광주시가 부담한다. 그러면 지자체는 국비는 공짜로 생각하고, 지자체의 매칭 예산 30~40% 대비 효과성을 따질 수밖에 없다. 다시 말해 국비에서 60을 지원할 테니 지방비에서 40을 부담하라고 한다면, 지방 공무원들은 국비(국고보조금) 60을 공짜로 생각하고, 40을 투입할 만한 가치가 있는지만 따진다. 40을 투입해서 50의 효용만 나오면 하는 것이다. 국가 전체적으로는 100의 예산이 들어갔지만, 그것은 지자체가 알바가 아니다. 이런 시스템에서는 지방정부들은 지역 국회의원들과 힘을 합쳐 국비(국고보조금) 받아내기 좋은 사업을 많이 유치하려고 노력하게 되어 있다. 지방정부 수장이나 국회의원 중에 예산, 특히 국고보조금 쟁탈전으로부터 자유로운 사람은 거의 없다.

　지역 주민들도 대통령감 키워서 우리 지역 덕 좀 보자는 생각을 한다. 국가적, 국민적 현안을 누가 잘 해결할 수 있느냐는 관점으로 대통령 후보를 바라보는 것이 아니라 누가 우리 지역이나 지역 출신 엘리트들에게 예산과 좋은 자리를 많이 줄 수 있는지,

경제성장률과 주요 지자체 예산

(단위:십억 원,%)

	2016	2017	2018	2019	2020	19'/16'
국내총생산 (명목GDP)	1,740,780	1,835,698	1,898,193	1,919,040		110%
경제성장률 (실질GDP성장률)	2.9%	3.2%	2.9%	2.0%		
지방자치단체 총예산	250,015	259,432	284,396	313,057	345,020	125%
서울시 본청 예산	27,504	29,801	31,814	35,742	39,536	130%
부산시 본청 예산	10,128	10,091	10,793	11,666	12,591	115%
서울 종로구 예산 (인구 149,549명)	340	355	384	422	468	124%
전남 장흥군 예산 (인구 37,819명)	327	315	338	392	410	120%
전국 교육청 총 예산	55,073	59,066	66,162	70,596	73,875	128%

이런 관점에서 바라본다는 얘기이다. 중앙정부가 지방정부를 통제하는 유력한 수단 중의 하나인 국고 보조금 제도는 사회주의 계획경제가 가진 낭비, 비효율과 비슷한 문제를 야기한다. 지방 교부세 배분 공식[11]을 아무리 잘 만들고, 국가보조금 제도를 아무리 합리화해도 사회주의 계획경제의 모순을 탈피할 수 없다. 한국은 지자체의 자율책임 영역이 매우 좁다. 지방이 필요로 하

11) 현행 교부세 할당 공식은 행정 서비스 평준화(사람, 땅, 시설에 대한 평등한 관리)을 목적으로 하기에 인구와 노령 인구, 농수산업 종사자 수, 기초생활수급자 수, 자동차 대수, 행정구역 면적, 도로나 수로 연장, 저수지 등이 주요한 기준이다. 지지체의 주체적인 노력으로 많이 받을 수 있는 것이 아니다. 오히려 국가의 행정 서비스가 더 많이 필요로 하는 사람(노령 인구, 장애인 등)을 많이 발굴하는 것이 교부세를 늘리는 데 도움이 된다.

는 재정을 자체적으로 조달할 방법도 거의 없다. 그래서 지자체는 파산하려야 파산할 수가 없다. 재원 자체가 일정한 산식에 의해 중앙정부가 내려 보내주는 교부금과 용도가 지정되어 있는 보조금으로 운영은 할 수 있기 때문이다. 그래서 지자체 파산 위험을 초래할 수도 있는 과감한 투자를 자유롭게 할 수가 없다. 물론 과감한 투자를 할 수 있는 능력도, 효과성과 효율성을 따져 물을 수 있는 타당성 검증 시스템도 부실하지만.

허술하고 후진적인 감사 제도

현재 지자체 감사제도는 부정비리에만 초점을 맞추고 있으나, 그조차도 효과적으로 수행하기 어려운 구조이다. 사실 지자체가 국가에 비해 구조적, 절대적 우위에 있는 가치가 투명함과 참여이다. 많은 것을 공개할 수 있고, 많은 것을 개방할 수 있기 때문이다. 공직감사제도도 그 중의 하나이다. 지금의 감사는 대부분 수행한 업무가 적법한지, 한 마디로 부정비리만을 따지는 적법성 감사에 머물고 있다. 할 수도 있는 데 안 한 것은 감사 대상이 아니다. 적법성 감사만을 하게 되면 사무처리 과정에서 공무원들은 금만 밟지 않으려고 노력한다. 소극적 행정이 구조화되는 것이다. 한편 지자체 감사기구(위원회) 근무 공무원들도 기본적으로 순환 보직 공무원들이다. 보통의 경우 2년 가량 근무하고 다시 원대

복귀한다는 것을 의식한다. 중앙과 달리 지자체는 좁기 때문에 감사를 깐깐하게 했다가는 공무원 생활이 아주 힘들어질 수 있다. 그래서 좋은 게 좋은 것이라면서 대충 봐주게 된다.

감사에 전문성과 독립성이 필요하다. 궁극적으로 집행부-의회(입법부)와 동렬의 제3부처럼 운영해야 한다. 인구 8백만의 뉴욕은 시장만이 아닌 감사관(컨트롤러)을 시민들이 직접 선출한다. 미국은 검사장도 직선이고, 감사관도 직선인 경우가 많다. 일본은 외부 감사가 매우 활성화되어 있다. 감사가 엄정하고 투명하기 위해서는 공무원 사회와 거리가 있는 전문가나 시민들이 참여해야 한다고 보기 때문이다. 외부인 전문가가 유입되면 피감 기관과의 유착이라는 고질적인 문제를 어느 정도 통제할 수 있다. 지금 제주도의 경우 제주도특별법에 의거해 의회에서 감사위원 3명을 추천한다.

교육자치와 행정자치

한국 지방자치의 문제를 자치재정권, 자치입법권, 자치조직권의 부재로 정리하고는 하는데, 그 못지않은 큰 문제가 행정자치와 교육자치의 분리이다. 교육을 광역 지방자치 영역에서 빼 버린 것이다. 실은 분리도 문제이지만, 이 둘을 국가=중앙정부에서 아주 촘촘하게 콘트롤한다는 것이 진짜 문제이다. 유럽, 미국, 일본 등 선진국에서 교육 사무는 거의 지방정부 사무이다. 큰 폭의 학교자치가 허용되고, 지방정부의 예산과 인력의 거의 절반이 교사 등 교육 사무 종사자들이다. 한국도 교육 사무는 지자체 사무로 되어 있기는 하다. 지방자치법 제9조(지방자치단체의 사무범위)에는 '5. 교육·체육·문화·예술의 진흥에 관한 사무(가. 유아원·유치원·초등학교·중학교·고등학교 및 이에 준하는 각종 학교의 설치·운영·지도. 나. 도서관·운동장·광장·체육관·박물관·공연장·미술관·음악당 등 공공교육·체육·문화시설의 설치 및 관리)'가 지방자치단체 사무라고 적시되어 있다. 그런데 초·중등교육법 및 시행령에는 교육 주체(교육 기관, 시설, 교육자 자격 등), 교육 과정, 교육 재정(재량권) 등에 관한 사항이 상세하게 규정되어 있고, 학교는 이를 의무적으로 따라야 한다. 교육자(교장, 교감, 교사, 장학사, 교육감 등)의 자격 요건도 법령(별표) 사항으로, 대체로 학력과 학위와 경력 중심이다. 학원 강사가 아무리 잘 가르친다고 해도 교사자격증이 없으면 학교 정규 교과과정에 들어갈 수 없다. 아무리 학교 경영능력이 빼어난 사람도 교장자격증이 없으면 교장이 될 수 없다. 교과서를 중심으로 가르쳐야 하고, 교과서는 교육과학기술부장관이 검정 또는 인정한 도서로 해야 한다. 이는 지자체장도, 교육감도, 교장과 교사도 손댈 수 없다. 교장, 교감, 교사, 장학사 자격제도도, 국정교과서 제도도, 내신 상대평가제도도 선진국에서는 좀체 찾아보기 힘든 규제이다. 교육 과정이나 각종 자격제도는, 지자체(교육청)나

학교 차원에서 재량권이 없는 획일적 규제이기에 교사, 교장, 교수, 학과 등의 치명적 이해관계라서 이를 둘러싸고 사생결단의 대결이 벌어지고는 한다. 사실 지금과 같이 정당의 개입을 차단해 놓고, 교육 경력자로 피선거권을 제한하여 자기들끼리만 싸운다면 직선 교육감에게 권능을 더 줄 이유가 없다.

교육감 선거를 통해 이뤄지는 교육자치는 광역 시도 단위로 실시한다. 기초지자체는 교육구가 아니며, 시군구 교육지원청장은 교육감이 임명한다. 한편 교원들은 국가고시(교원임용고시)를 거친 국가 공무원이거나 준공무원 신분으로 고용임금의 자율성도 유연성도 없다. 교육감의 교육과정 결정권과 인사권도 매우 제한적이다. 광역 시·도 교육청은 자체 수입도 없다. 중앙정부의 재정교부금이 주 수입원이기에 재정 운용의 자율권도 별로 없다. 지출의 3/4 이상이 시설비와 인건비다. 약간의 재량 사항은 교육위원과 일반 의원이 결합한 광역 시도교육위원회에서 심의, 의결한다. 정치적 중립이라는 명분 하에 교육감 및 교육위원의 양성, 추천, 선발 과정은 정당이 아닌 소수 교원단체나 동문회 조직에 의해 주도된다. 한국교총과 전교조, 교수노조 등 교원단체와 특정 사범대·교대 출신 동문회의 입김이 크다는 얘기이다. 이들 교원단체들은 정당과 달리 일반 국민에 대해 책임을 지지 않는다. 특수이익집단(전문가 집단)의 폐해를 고스란히 가지고 있다. 결과적으로 주민이나 소비자(학부모, 학생)의 교육에 대한 결정권, 선택권이 매우 제한되어 있기에, 교육자치가 아니라 교육공급자(교원단체와 관료) 자치가 되어 버렸다. 이들은 일반 시민과 눈을 맞출 필요가 없는 폐쇄 집단이기에 이념적 편향도 심하다. 특수이익집단과 관료들의 담합도 필연이다. 이래저래 교육자치는 교육 관료와 교육 기득권 집단(자격증 있는 교장, 교장단체, 교사단체 등)의 이해와 요구에 편향되지 않을 수 없게 되어 있다. 용두사미가 된 교장공모제가 그 기념비이다.[12] 사실 정치적 중립이라는 미명 하에 교육감을 러닝메이트가 아니라 따로 선출하는 것도 교육관료, 전교조, 교총의 농간이다. 이들은 공히 극단적인 고비용 저효율 교육 시스템의 수혜자이자 옹호자이다. 전교조의 좌편향성도 문제이지만 기득권 편향성과 시대에 대한 둔감성이 더 문제다. 이처럼 교육은 그 내적 모순으로 인해 속으로 너무 곪아 있다. 수많은 문제들이 교육에서 발원하고 있다. 썩어 문드러진 거대한 앙시앙 레짐이지도 모른다.

교육 예산은 거의 지방교육청과 지자체가 집행하는 형식을 띠고 있다. 단적으로 2019년 기준 지방 교육재정 내역을 보면 예산 총액은 70.6조 원인데, 유아 및 초중등교육에 59.4조 원, 고등교

---

12) 2006년 시행한 교장공모제 사업의 취지는 '교장의 문호를 넓혀 학교의 발전과 혁신을 꾀하자'는 것이었다. 초기에는 평교사가 교장이 될 수 있는 내부형 공모제가 70% 가량을 차지했다. 하지만 얼마 안 있어 교육부 관료들이 이 비율을 15% 이하로 제한해 버렸다. 교장자격증 없는 외부인사가 교장이 될 수 있는 외부형(개방형) 공모제는 예술고 등으로만 국한하여 결과적으로 교장 자격증 있는 사람만을 대상으로 하는 초빙형 공모제가 대폭 늘어났다.

육에 10.2조 원, 평생·직업 교육에 0.9조 원 등으로 편성되어 있다. 헌법에 규정된 국가의 평생교육진흥 의무가 무색할 지경이다.

연도별 교육예산 추이

(단위 : 조 원)

연도	2015년	2016년	2017년	2018년	2019년	19'/15'
유아 및 초등교육	41.5	43.1	47.1	53.7	59.4	143%
고등교육	10.7	9.3	9.4	9.7	10.2	95%
평생직업교육	0.6	0.6	0.7	0.7	0.9	150%
교육 일반	0.1	0.1	0.1	0.1	0.1	100%
합계	52.9	53.1	57.4	64.2	70.6	133%

※ 자료출처 : 기획재정부 열린재정 및 나라살림 예산개요

문제는 지방 교육청의 관할(서비스) 대상인 학령 아동은 급감해도[13] 지방 교육청 예산은 꾸준히 늘고 있고, 인구 고령화와 베이비붐 세대 은퇴와 산업·기술 변동에 따라 평생 교육, 인생 2·3모작 교육, 직업 교육 수요는 폭발적으로 늘어나지만 예산은 그야말로 쥐꼬리 수준을 벗어나지 않는다는 것이다.

'지방자치발전종합계획'(2014. 12)에서도 8대 핵심과제 중의 하나로 '4. 교육자치와 지방자치 연계·통합 노력'이 들어 있다. 이 방향은 '교육자치와 지방자치의 연계·협력 강화 중심으로 제도를 개선'하고, '교육자치와 지방자치 간의 행정체제 합리화 방안 마련-교육의 자주성·전문성·정치적 중립성 보장, 인사 및 재정권의 자율성 부여-'한다는 것이다. 이를 위해, 교육행정분야 과제는

---

13) 연평균 출생아 수는 1990~1995년 70만 2,000명, 1995~2000년 61만 5,000명이었으나, 2000~2005년 47만 6,000명, 2005~2010년 47만 7,000명이다.

'시·도-교육청 간 인사교류 활성화, 시·도에 지방교육 전담부서 설치 확대, 교육 관련 협의회 활성화'이다. 교육재정분야 과제는 '중기지방재정계획 수립 사전 협의절차 도입, 교육재정부담금 전출 시기 명확화, 주민참여예산위원회 운영 연계'이다. 교육정책분야 과제는 '평생교육, 도서관, 학교 안전을 위한 환경개선 사업 등에 대해 협력 강화'이다. 그리고 교육감 선출방식 개선도 중요한 과제로 잡혀 있다. 다만 교육의 자주성·전문성·정치적 중립성 확보 강화와 병행 추진해야 한다는 것이다.

예컨대 교육감 후보의 교육 관련 경력(3년 → 5년 이상)과 정당 가입 제한 기간(1년 → 3년 이상) 강화 등이다. 교육장 임용방식도 일정 범위 내에서 추천제 또는 공모제 방식으로 임용하도록 개선한다고 되어 있다. 한편 교육의 지방분권 및 학교자주성 강화를 위해 '교육부와 시·도 교육청 간 사무 재조정'을 주요 과제로 제시했다. 국가교육정책 및 기조 설정 등 교육의 통일성과 형평성을 위해 필요한 사무는 교육부에 존치하되, 그 밖의 유·초·중등 교육에 관한 사무는 시·도 교육청으로 이양하기 위해 노력하며, 기초단위 교육자치는 확대 검토한다는 것 등이다. 학교 자주성 강화를 위해 학교운영위원회 심의 대상 확대와 운영위원 전문성 강화를 통해 활성화하는 과제를 제시했다. 지역사회와 협력을 위해서는 학교·지역사회 교육공동체 결성, 주민자치회와 협력 등을 제시했다.

교육 자치권은 지방자치발전종합계획보다 훨씬 전향적으로 부여되어야 한다. 핵심은 '누가 무엇을 언제 어떻게 가르칠지'를 지방이 자치적으로 결정할 수 있어야 한다는 것이다. 그리고 교육자치와 지방자치의 연계는 광역지자체장과 교육감의 러닝메이트를 하든지, 광역지자체장이 의회의 동의를 얻어 임명해야 한다. 교육감 후보의 교육 관련 경력(3년 → 5년 이상)은 필요할 수는 있지만, 정당 가입 제한 규제는 불필요하다. 사실 교육감선거에 정당들이 음성적으로 개입한다는 것은 공공연한 비밀이다.

국민이 공무원을 위해 존재하는 현실

e나라지표에 따르면 2019년 기준 행정부 국가공무원 정원은 66만 3,000명, 지자체 공무원은 34만 6,000명으로 도합 100만 9,000명이다.

국가+지방 공무원 정원

연도	2010	2014	2015	2016	2017	2018	2019
국가공무원 정원	613	622	626	629	639	649	663
·교원	346	347	348	349	352	355	359
·경찰	109	117	121	123	126	128	133
·일반	158	158	157	158	161	165	171
지방공무원 정원	281	296	302	308	317	331	346
국가+지방공무원정원	894	918	928	937	956	980	1,009

자료: e나라지표 행정부 국가공무원정원, 지방자치단체 공무원 정원

2018년 공공부문 일자리 통계에서 공무원 연금이나 군인연금을 납부하는 공무원 일자리 개수는 131만 8,000개이다. 공공부문 일자리 통계에서는, 사실상 정부 기능을 대행하고 있는 공공 비영리단체를 포함한 중앙정부=국가부문 일자리 개수는 78만 9,000개이고, 지방정부 일자리 개수는 126만 7,000개다. 교육 공무원 일자리는 지방정부에 속한다.

한국 공무원은 임용 과정에서는 몹시 치열한 경쟁을 거치지만, 일단 임용만 되면 대과가 없으면 정년까지 가고, 근속연수에 따라 가파르게 올라가는 호봉제를 적용받는다. 게다가 퇴직 후에는 국민연금과는 비교할 수 없을 정도로 좋은 공무원연금을 받

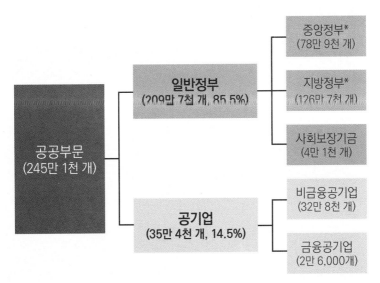

자료: 2018년 공공부문 일자리 통계

는다. 그래서 9급 공무원의 생애소득이 세계 최고 기업인 삼성전자보다 낫다는 것이 정설이다. 그래서 일단 임용(공무원시험) 관문만 통과하면 불법행위만 하지 않는 한 민생이 아무리 도탄에 빠져도, 저성과자라 하더라도, 사양화된 업무라 하더라도 구조조정 염려도 없고, 월급이 줄어들 염려도 없다. 그렇기에 국가이든 지자체이든 적기, 적량, 적정 품질의 공공서비스를 제공하는 것은 구조적으로 불가능하다고 보아야 한다. 사실 한국 공무원은 승진 외에는 열심히 일할 유인이 없다. 무엇보다도 경제와 민생에 대한 둔감이 체질화 구조화되어 있다. 그런 점에서 국민과 주민이 공무원을 위해 존재하는지, 공무원이 국민과 주민을 위해 존재하는지 의심스러운 상황인 것이다. 이는 공무원에 대한 근로자성 부여(근로기준법 적용)에 따른 강고한 고용보장, 국민연금에 비해 월등히 우월한 공무원연금 존치, 최상위 근로 계층을 기준으로 한 임금 기준 등이다.

일본의 '공무원급여법' 적용 대상은 일반직 28만 5,000명이다. 일반행정직, 외교관, 세무서 직원, 형무관(교도소 직원), 해상보안관, 의사, 간호사 등이 그 대상이다. 이 법에는 공무원 급여를 정하는 기준과 원칙이 있는데, 비교 대상 기업 규모는 50인 미만 36.9퍼센트, 50인 이상 63.1퍼센트를 표본 추출하고, 여기에 역할(직급), 근무 지역, 연령, 학력을 고려하였다. 따라서 공무원 급여 기준인 민간기업 임금이 전년에 비해 떨어지면 공무원 임금도

자동으로 떨어지게 되어 있다. 그런데 한국은 공무원 보수 기준이 상용근로자 100인 이상 사업체의 사무관리직 보수로 되어 있다. 여기에는 대기업, 공기업이 대거 포함되어 있기 마련이다. 게다가 한국은 기업규모별 임금 격차가 가장 크고, 근속연수에 따라 가장 가파르게 임금이 올라가는 나라이다. 보수 기준 자체가 열악한 서민, 영세기업, 자영업자들의 애환에 둔감하게 되어 있는 것이다.

2016년(平成 28년) 4월 1일 기준 일본 공무원급여법 적용 대상 인원 25만 3,624명의 평균 연령은 43.3세(평균 경력 21.7년), 평균 급여는 41만 7,394엔(연봉 500만 8,728엔)이다. 2015년 12월 31일 기준 '빅데이터 분석을 통해 본 대한민국 공무원' 102만 6,000명과 비교하면 일본이 평균 연령은 1.1세가 많고, 평균 근속연수는 6.0년이 길지만 연봉은 한국의 87퍼센트에 불과하다(100엔=1,023원 기준). 환율을 감안하면 일본 국가 공무원 평균 연봉은 5,124만 원이다. 일본 후생노동성이 공시한 근로자 평균 임금은 월 30만 4,000엔(42.2세, 11.9년)으로, 남성 33만 5,200엔(43.0세, 13.3년), 여성 24만 4,600엔(40.7세, 9.3년)이다. 일본 국가 공무원의 급여 수준은 근로자 평균 임금의 137퍼센트에 불과하다. 나이는 한 살 많고, 근속기간은 거의 10년이나 긴 데도 그렇다.

지자체는 기업과 달리 경쟁자도 없고, 성과 측정 지표도 좀 모호하다. 아니, 성과 측정 자체를 꺼린다. 게다가 행정 서비스 수요자인 주민과 기업은 지자체 행정 서비스가 뒤떨어지고 이사를 가거나 이전하지 않는다. 행정 서비스가 좋다고 해서 세수가 많이 늘어나는 것도 아니고, 못 한다고 해서 세수가 줄어드는 것도 아니다. 세수가 줄어든다고 해서 공무원 월급이 깎이는 것도 아니요, 구조조정 파도가 밀어닥치는 것도 아니다. 게다가 중앙에서 지방교부세나 국고보조금을 내려 보내서 재정력 격차도 줄여 준다. 직급이 같으면 서울이나 군 단위나 지방 공무원 급여는 거의 같다. 자치 재정권에 대한 국가 규제가 강하고, 지방교부세 제도가 있는 한 지자체는 망하려야 망할 수가 없다. 사실 경쟁자도 없고, 망하지도 않고, 성과 측정도 힘들고, 신분 보장은 확실하고, 월급 체계도 획일적이고, 게다가 공무원은 '갑'의 위치에 있기에 민간의 서비스 정신이 생기기 힘들다. 존망의 위기의식이 없는 조직의 구성원들은 자기 권한과 예산은 늘리고, 위험이나 귀찮은 일은 기피하고, 승진에 목을 매기 마련이다. 바로 그렇기 때문에 (공무원의 인사 조직을 헌법과 법률로써 유연화 하기 전에) 지자체장은 소명의식도 있어야 하고, 경영 능력도 있어야 하고, 각계각층 시민들의 목소리를 듣기 위해 귀와 발도 가지고 있어야 한다. 사실 준비되지 않은 지자체장이나 지방의원들이 허공에 날려 버리는 기회와 희망이 의외로 많다. 박원순 시정은 그 전형이다.

한국 지자체장의 독특한 권능

한국 지자체장은 1995년부터 지방선거를 통해 선출되어, 법령에 의해 정원, 직급, 조직이 정해지고 정년이 보장된 공무원에 대한 업무지휘권, 인사권(승진, 보직 등)과 예산권을 행사한다. 한 해 수천억에서 수십조 원의 돈을 쓰고, 수백 수천 수만 명의 공무원 인사를 한다. 하지만 자기 주머니에 돈을 넣지 않으면 된다. 배임 혐의를 받지 않고, 편애하는 기업에게 일감을 몰아줄 수도 있다. 인사 역시 금전을 받지 않으면 된다. 얼마든지 이념 편향적인 인사를 할 수 있다. 부정비리에 대한 감시 장치는 많지만 편파 인사, 편향 시정을 막는 장치는 별로 없다. 한국 지자체장은 지방 세입을 늘리는 문제에 대해 노심초사할 이유가 없다. 세입이 모자라서 공무원 월급을 주지 못하는 일은 결코 일어나지 않는다. 중앙정부가 지방 행정력의 균형을 명분으로 각종 교부금과 보조금을 내려 보내주기 때문이다. 지자체장이 공무원을 채용하고 해임하는 권능도 극히 제한되어 있다. 그럼에도 공무원시험을 통해 임용된 직업공무원에 대한 인사권(승진, 보직 등)은 당사자에게 엄청난 당근이자 채찍으로 작용한다. (직무급제가 아니라) 9품 계급제이기에 대부분의 공무원은 승진과 좋은 보직에 목을 매기에 인사권과 (표적) 감사권의 힘은 더욱 강하다. 예산권도 관련 업자들을 죽이고 살릴 수 있는 거대한 이권이다. 지방자치단체장과 의원이 움켜쥔 권한(예산권, 인사권, 규제권 등)을 특수이익을 위해 사용해도 견제하기가 어렵다. 하지만 지자체장의 부정비리를 찾아내서 처벌하는 검사에게는 상당한 승진 인센티브가 제공된다고 알려져 있다.

구직자들에게 최고 선망의 일자리가 된, 위험(risk)은 적고 이익(return)은 큰 공공부문 일자리 비정규직 채용과 정규직화는 지자체장에 의한 국민세금(지방 재정)을 활용한 매표행위의 수단이 된다. 엄청난 사회간접자본 유지, 보수, 건설 사업은 중앙과 지방의 공무원(지자체장 포함)의 후한 지대(이권) 선심 대상이 되어 왔다. 2020년 12월 17일 통과된 '아시아문화중심도시 조성에 관한 특별법 개정안(아특법)'은 자리 선심 쓰기, 아니 국가 예산과 청년 구직자의 기회 약탈의 기념비이다. 개정안의 핵심은 '법인'인 광주아시아문화원을 해체한 뒤 국가기관인 '국립아시아문화전당'으로 통합해 문화체육부 직속기관으로 전환하고, 아시아문화원 직원을 공무원으로 전환하고, 아시아문화전당 소속 공무원이 문화예술에 대한 연구 및 콘텐츠를 제작한다는 것이다. 일개 지역 문화원의 인건비와 운영비를 국가 예산에서 전액 지원한 사례가 없었는데, 아특법은 거기서 한참 더 나간 것이다.

거대한 국가 예산과 법을 만지는 국회의원과 마찬가지로, 공무원 인사권과 예산편성권(거대한 이권 배분권)을 쥔 지자체장에 대한 견제, 감시, 평가 장치는 너무나 부실하다. 그럼에도 지방자치 분권의 이름으로, 즉 예산의 운용 효율은 별로 따지지 않고 너무 많은 예산을 지자체에 쏟아부었다. 하지만 이 예산의 효과와 효율성에 대한 지방의원, 지방언론, 지방 주민에 의한 평가, 검증, 견제는 거의 이루어지지 않고 있다. 그것도 지금의 서울시처럼 지자체장과 지방의원의 압도적 다수가 같은 당이면 더 그렇다.

물론 이전에 비해 한국 지자체장의 불법, 비리, 권력 남용을 감시하는 눈들이 많아진 것은 사실이다. 단적으로 박원순과 오거돈이 중도 사퇴한 것은 성추행 당한 여성의 폭로와 고소가 있었기 때문이다. 4년마다 한 번씩 선거를 치르니 경쟁 후보들도 있고, 인사상 불만을 가진 사람은 어차피 많을 수밖에 없고, 이들은 언제든 내부·공익 고발자로 변신할 수 있다. 게다가 지자체장의 비리를 적발해서 처벌하는 검사에게는 특별히 큰 인센티브가 있다. 물론 언론과 시민단체도 있다. 무엇보다도 한국은 인터넷 강국에 스마트폰 천국이다. 스마트폰으로 부당한 지시 명령을 얼마든지 녹음할 수 있고, 비리 현장도 촬영할 수 있으며, 인터넷으로 얼마든지 알릴 수도 있다. 통화 기록도, 돈 지출 내역도 오래 남는다. 그럼에도 미국은 부정비리를 견제·감시하는 효과적인 장치도 있고, 성과를 엄정하게 평가하여 책임을 묻는 다양한 장치도 있다. 단적으로 인구 8백만의 뉴욕은 시장만이 아닌 감사관(컨트롤러)를 시민들이 직접 선출한다. 검사장도 직선이다.

지방선거

한국 국민들은 대통령선거에 제일 많은 관심 많고, 그 다음이 각종 법률을 제·개정하는 국회의원선거이고, 그 다음이 지방정부 수장과 지방의원을 선출하는 지방선거이다. 이는 투표율이 말해 준다. 친구끼리 호프집에서 세상 돌아가는 얘기를 할 때 대통령 이나 정당이나 국회의원에 관한 얘기는 좀 하지만 지자체가 하는 일을 얘기하는 경우는 거의 없다. 지방선거는 지방 행정 성과에 대한 평가나 심판의 장이 아니라 중앙정치(현 정권이나 전 정권)에 대한 평가나 심판의 장이다. 중앙무대에서 먹힐 것 같은 인물이나 대권 후보에게 광역 단체장 경력 하나를 추가해 주는 계기로 생각한다. 지방선거라면 있을 법한 지방발전정책 논쟁은 민선 7기임에도 불구하고 거의 살아나지 않는다. 하지만 지자체장과 공무원들이 좌지우지하는 자리와 예산에 죽고 사는 소수에게는 선거 승패는 그야말로 사활적인 문제이다.

한국 지자체가 가진 뿌리 깊은 기형성은 기본적으로 공공서비스 소비자이자 비용 부담자(납세자)인 국민·주민과 공공서비스 공급자인 국가·공공기관·지자체·교육청 등이 크게 유리되어 있기 때문이다. 지자체가 너무나 크고, 주민으로부터 먼 곳에 있고, 또 불투명하기에 소비자와 공급자 간 정보의 비대칭성이 심하기 때문이다. 공공사무나 공공정책에 대해 자신이 참여, 숙의, 결정하고 필요한 의무, 부담을 하는 자리(마을 총회=타운 미팅)와 기회가 적기 때문이기도 하다. 공공서비스 공급자(권력기관) 간 견제 장치도 부실하고, 국민·주민에 의한 통제도 부실하다는 것도 빼놓을 수 없다. 그래서 지방마다 국가(중앙정부)가 쥐고 있는 자원(예산, 공직, 공공기관 등)을 쟁취=약탈하기 위해 온갖 기지를 다 짜낸다. 이를 위해 지역 국회의원, 지자체장, 지역 기업, 주민 등이 합심 단결한다.

지방은 자율이 없으니 책임이 없고, 자치가 불가하니 독자적 지방 발전 전략이 없다. 오로지 중앙정부가 움켜쥔 자원(예산, 규제, 공공기관, 공직 인사 등)을 지방으로 끌어오는 데 여념이 없다. 지방의 국회의원선거나 지방선거는 대통령이나 중앙정부가 가진 자원을 끌어오는 능력, 한 마디로 약탈 능력을 과시하여 선택 받으려 하는 후보가 대다수이다. 이는 결국 다른 지역 납세자의 부담(특혜적 규제와 예산 할당)으로 자기 지역의 경제적, 사회적 이익을 증진시키려는 지대추구를 의미한다. 권리와 이익의 사유화와 책임과 부담의 중앙정부로의 전가이다.

한국에서 지방선거가 엄청나게 큰 정치적 의미를 갖는 것은 당선된 단체장 및 지방의원의 철학, 가치, 정책이 달라서가 아니다. 재선, 삼선 의원들이 광역단체장에 도전하는 것도 그 자리를 통해서 자신의 철학, 가치, 정책을 펼칠 수 있어서가 아니다. 그것은 자기(개인, 그룹, 진영)의 이름으로, 행정서비스를 주도적으로 베풀어 주민들의 인심을 얻을 수 있기 때문이다. 또한 자신을 따르는 사람들이나 자신이 신뢰하는 사람들에게 행정 서비스를 베풀 기회(자리)를 줄 수 있기 때문이다. 물론 큰 기업을 운영하는 토건족이나 토호들과 결탁한 단체장들은 지자체 권력(공사 발주권 등)을 통해 수백 수천억 원의 이익을 줄 수도 있을 것이다. 하지만 진보적 자치단체장들에게는 대체로 남의 나라 얘기이다. 요컨대 밀어줄 기업이 별로 없는 진보 정치인에게 지방선거의 의미는 누군가에게 수백 수천억 원의 이익을 안겨주는 이권 배분권도 아니요, 친한 사람 수십 명(광역단체장의 경우)을 배려할 수 있는 인사권도 아니다. 그것은 국가의 명운을 좌우하는 상류 디자인 주도권(권력)의 향방을 결정하는 총·대선에서 자신 혹은 진영이 승리하기 위한 유리한 고지이기 때문이다.

귤이 탱자되다

지난 3, 40년에 걸쳐 학생운동-노동운동, 현장직-기술직-고위관리직, 중앙정부-지자체, 한국과 해외(미국, 일본, 유럽 등)를 넘나들며 두루 살핀 결과 대한민국도 독특하고, 지방자치도 독특하고, 서울도 독특하고, 서울시장도 독특한 존재이다. 단적으로 OECD국가 중에서 대한민국만큼 권력이 국가에 집중된 나라도 없고, 국가=중앙정부(행정부, 국회, 사법부 등)가 쥐락펴락 좌지우지하는 분야가 광대무변한 나라도 없다. 국가는 오지랖 넓은 보호자요, 육성자요, 진흥자이다. 동시에 금지, 제한, 통제, 조정자이자 처벌자이다. 형사처벌 조항은 그 어떤 나라보다 많다. 사실 이것이 국가 형벌권을 틀어쥔 검찰의 힘이다.

국가가 규제와 형벌로써 시장·경제·기업 혹은 자유권과 재산권을 함부로 쥐락펴락한다는 것은 웬만한 기업인이나 경제학자들은 다 안다. 하지만 국가가 마찬가지 방식으로 지방정부의 자치권도 함부로 쥐락펴락한다는 것은 의외로 아는 사람이 적다. 한국에서 자유시장이나 글로벌 시장에 의해 규율 되는 기술이나 상품과 달리, 국가 그 자체인 법령 및 공무원은 말할 것도 없고, 여기에 크게 영향을 받는 많은 제도와 기관(정당, 지자체, 노조, 학교 등)들도 갈라파고스 제도諸島[14]의 동식물처럼 매우 특이하게 변해 버렸다는 사실을 아는 사람도 적다. 어떤 것은 거의 괴물처럼 변했고, 상당수는 기형으로 되었다. 괴물로 변한 것은 노조이고, 기형으로 변한 것은 대통령, 국회의원, 정당, 공무원, 지자체와 많은 정부기관과 그 산하기관들이다. 문재인정부 들어 이 괴물성과 기형성은 점점 더 심해지고 있다.

그래서 감시의 눈도, 견제 장치도 많은 대통령선거와 국회의

---

14) 남아메리카(에콰도르)로부터 서쪽으로 1,000km 가량 떨어진 적도 주위 태평양의 19개 화산섬과 주변 암초로 이루어진 섬의 무리

원선거보다, 이 모두가 허술한 지방자치단체장선거가 더 독특하다. 지자체장선거는 일종의 예산 약탈자 선발대회요, 도로나 경전철 신설, 토지 용도, 용적률 변경 등으로 부동산 값 올려주는 일꾼 선발대회처럼 되었다. 저명한 지방행정학자인 강평기 교수의 얘기이다.

> 우리 국민은 국가 경영을 위한 입법자를 뽑고 있다. 그럼에도 불구하고 거리의 현수막에서 보이는 선거전은 전연 딴판이다. 국회에 가서 자기 선거구를 위해 돈을 만들어 올 '예산 약탈자' 선발 대회를 치르는 느낌도 든다.[15]

압권은 2015년 4월 인천 서구·강화군을 국회의원 재보궐 선거에 출마한 안상수 새누리당 후보의 현수막이다. 이 현수막에는 '믿고 맡길 큰 인물'이라는 제목 아래 "길이 뚫린다. 물길이 열린다. 땅값이 오른다"고 씌어 있었다.

과거에는 지방이 잘 사는 길은 주로 수출 많이 하는 기업이나 공단을 유치하는 것으로 생각했다. 지방 주민도, 정치인도 생각이 같았다. 울산, 포항, 창원, 여수, 구미, 수원, 아산, 평택, 군산,

---

15) 강형기, '국회의원다운 공약을 하라', 《조선일보》 2016. 2. 25., http://news.chosun.com/site/data/html_dir/2016/02/24/2016022404341.html

파주 등이 모델이었다. 그런데 점차 서울이나 중앙이 가진 자원(예산, 공공기관 등)을 힘으로 혹은 그럴 듯한 명분으로 많이 끌어오는 것이 되었다. 기업으로 하여금 국내 투자와 고용을 기피할 수밖에 없게 만드는 제도와 정책을 쏟아냈고, 동시에 지방이 자신의 처지와 조건을 약진의 발판으로 삼을 수 있는 여지를 없애버렸기 때문이다. 의도는 그렇지 않았겠지만 행정중심복합도시인 세종시가 그 압권이었다. 2000년대 중반부터는 공공기관 지방 분산=유치 경쟁을 조장했다. 보수 정당의 간판급 인물인 이정현 의원조차 당선만 시켜 주면 지역(순천)에 예산 폭탄을 떨어뜨릴 것이라고 공약했다. 실은 국비로 도로, 철도, 경기장 등 인프라를 까는 국제경기대회(평창동계올림픽, 광주세계수영선수권대회 등) 유치와 역시 국비로 건설하는 공항 신설도 예산 약탈 심리의 발로이다. 문재인정부 출범 이후 호남과 광주는 더 노골적으로 예산 약탈에 나서고 있다. 전남(나주)의 한전공대, 진북의 공공의대, 광주의 아시아문화전당(국비로 운영한 것도 모자라, 2020년 12월에는 100명 가까운 직원을 공무원화[16]) 등이 그 전형이다. 거슬러 올라가면 5.18유공자에 대한 엄청난 특혜도 본질은 같다. 1990년대 중반 이후 농촌, 농민, 농업에 대한 특혜적 지원도 마찬가지이다. 태양광 발전 사업이나 중국산 배터리에 기반한 운송수단(버스, 킥보드 등) 사업도 예산 약탈 행위에 다름아니다. 1987년 민주

16) http://www.newdaily.co.kr/site/data/html/2020/12/17/2020121700183.html

화와 1995년 지자체장선거를 계기로 한국 사회는 세계에 먹히는 상품이나 서비스를 생산하여, 혹은 세계적 기업을 유치하여 잘 살려고 하는 것이 아니라, 누군가가 생산한 가치와 자원을 권력이나 그럴 듯한 명분으로 뜯어먹으려는 지대추구(rent seeking) 심리가 점점 더 발호하고 있다. 이는 서울보다는 지방(국회의원과 지자체장과 주민)이 주도하고 있다. 그 결과 파이 만들기가 아니라 나누기를 능사로 알고 창조, 개척, 해외 진출이 아니라 국가의 품 안에 들어가 누군가가 생산한 파이를 뜯어먹으면서 평생토록 호의호식하는 것을 능사로 여긴다. 취준생(취업준비생)들의 압도적으로 높은 공무원 선호도는 그 징표이다. 공공양반, 노동귀족, 민주건달은 이런 약탈 심리와 약탈 장치를 제대로 제어하지 못할 뿐 아니라 오히려 그에 편승, 그들의 보호세력으로 자처하며 포퓰리즘 정책을 남발, 절대적이고 영구적인 권력을 추구하고 있다.

3장
한국형 지방자치 어떻게 고칠 것인가?

보충성의 원칙

지방자치는 권력(공공재 공급)을 주민의 눈과 귀와 손이 닿는 곳으로 가져가는 것으로 자유민주주의의 근간이다. 고속교통망과 정보통신기술(ICT)에 의해 시공간이 축소되고, 소통을 가로막는 장벽이 많이 줄어들었다고 해서 권력을 주민 가까이 가져가는 일의 중요성이 줄어드는 것은 아니다.

자유민주주의의 기본 정신은 자신의 자유, 생명, 재산 등을 국가(중앙정부, 지방정부, 공공기관), 성왕(성군), 수령(위인), 대통령 같은 통치자에게 책임져 달라고 요구하는 것이 아니다. 자신의 자유, 생명, 재산 등은 최대한 스스로, 즉 자율과 책임, 자치 정신으로 지키는 것이다. 다만 그것이 곤란한 경우, 즉 스스로 생산이 곤란한 공공재(국방, 치안, 교육, 도로, 공원, 상하수도, 폐기물, 전기통신 등)에 한해 자신이 직접 참여하고, 숙의하고, 결정하고, 그에 따르는 의무와 부담을 지는 것이다. 그래야 관심 있게 살피고, 평가하고, 되새김하여 공공서비스의 질(권력 품질)을 높일 수 있기 때문이다. 다시 말해 자유민주주의의 기본 정신은 개인(주민)-마을-지방정부-중앙정부-국제기구 간에 보충성의 원칙과 비용편익을 엄밀히 따진 사회계약에 의해 각자의 권한과 책임, 권리와 의무를 설정하는 것이다. 보충성의 원칙은 국가와 사적 자치 기구인 시장 및 사회 간에도 적용되는 원칙이다. 강제적 조정, 할당을 본령으로 하는 국가 권력은 맨 마지막에, 다른 대체 수단이 없을 때 행사되어야 한다는 것이다.

그러므로 지방자치는 자유를 지키고 키우기 위한 수단이다. 이 핵심은 최대한 주민의 눈과 귀와 손이 닿는 가까운 곳에서 공공재를 생산하거나, 아니면 자신이 소비자 선택권과 심판권을 발휘할 수 있는 시장에서 생산=구매하는 것이다. 개인·가족과 작은 마을이 직접 생산하기 힘든 공공재를 비용 편익을 엄밀히 따져서 자유·권리 위임과 의무 부담 이행 계약에 따라서 적절한 대리인, 기관, 제도에 생산 의뢰하는 것이다. 이것이 보충성의 원칙이다.

지방이 자신의 처지와 특장점을 약진의 발판으로 삼을 수 있도록 지방의 자치권-인사조직권, 입법(조례)권, 재정권을 확대 강화해야 한다. 다만 오랜 지방 불균등 발전전략과 국가 규제 등을 감안하여 저발전 지역의 재정력을 전향적으로 조정하고, 지자체의 투명성(정보 공개 등)을 획기적으로 강화해야 한다. 타인에게 피해를 주지 않는다면 개인과 가족이 자율 책임하에 처리하겠다고 하는 일은 그들에게 맡겨야 한다는 정신을 견지해야 한다. 마찬가지로 마을과 학교 등 다양한 커뮤니티가 자율 책임하에 처리하겠다고 하는 일은 가능하면 자율에 맡기고, 지자체가 자율 책임하에 수행하겠다고 하는 일도 자율에 맡겨야 한다.

분권보다 자치 먼저

분권은 국가(중앙)에서 지자체(지방)로 권한과 책임을 이관하는 것이다. 동시에 국가 및 지자체의 권한과 책임을 시장, 사회(자치적 결사), 개인으로 이관·이전하는 것이다. 국가에서 지자체로의 분권 이전에 지자체에서 주민으로의 분권이 필요하다. 한 마디로 지방분권이 아니라 주민자치가 먼저여야 한다. 주민자치를 활성화해야 한다. 한국은 자조-참여-자치(자율책임) 정신으로 주민의 이해와 요구를 실현하는 '주민자치'로서의 '지방자치' 논의는 뒷전으로 가고, 지방자치단체장과 지방의회 의원과 지방 공무원의 재량권 확대 강화에 초점을 맞춘 '지방 분권' 논의가 전면에 와 버렸다. 본말이 전도된 것이다. 그러므로 중앙정부가 가진 권한과 책임(예산, 인사, 특별행정기관 포함)을 지방으로 이전하는 지방분권 전에 지방정부(지자체장과 공무원)가 가진 권한과 책임을 주민에게로 이전해야 한다. 교육청(교육자치체)이 행사하는 권한과 책임도 지역 주민과 학부모, 단위 학교, 적정한 교육 자치체로 이전해야 한다. 요컨대 권한보다 책임이 먼저고, 지방분권보다 주민자치가 먼저고, 지자체로의 분권보다 주민(소공동체)으로의 분권이 먼저다. 분권은 권한뿐 아니라 책임의 이전이기에 실제 책임을 질 수 있는지, 책임을 물어 권력을 행사하는 존재를 응징할 수 있는지를 살펴야 한다.

대통령의 과도한 권한을 국회나 책임 총리에게 주자는 얘기는 많이 하지만, 지방으로 주자는 얘기는 듣기 힘들다. 그런데 '지방으로'가 가장 근본적인 해결책이다. 이는 정치 기득권 조정 문제요, 지방의 권한과 책임의 일치, 자리와 실력의 조응, 민주적 견제와 균형의 문제이다.

광역은 더 크고 강하게, 기초는 더 작고 유연하게

근본적으로 광역은 연방국가의 주처럼 더 크고 강하게, 기초는 실질적인 주민자치가 가능하게 지금보다 훨씬 작고 유연하게 해야 한다. 시험 삼아 제주특별자치도부터 주정부 수준으로 자치권을 확대할 필요가 있다. 동시에 훨씬 많은 특별자치시, 특별자치군, 특별자치섬(島), 특별자치면面 또는 리里도 만들고, 대도시에서는 특별자치동, 특별자치 아파트단지 실험도 해야 한다. 지방행정체계의 단층제, 2층제, 3층제도 연방정부 수준의 자치권을 부여받은 광역지방자치단체가 자율적으로 결정하도록 해야 한다.

당연히 헌법, 선거법, 정당법을 개정해야 한다.

중앙-지방-시장·민간 간 사무(역할) 재설정

중앙정부와 지방자치단체가 수행해 온 수많은 사무 하나하나에 대한 평가와 공공서비스(사무) 품질 및 주민 만족도 향상 방

지자체 주요 사무별 공급 주체 및 평가

사무 (공공서비스)	내용	한국의 공급 주체	서비스 품질
국토계획	공간계획, 산업단지 등	중앙정부	정치와 정책 사항
도시계획	토지이용계획(용도, 건폐 용적율 등)	중앙정부-지자체	정책과 이권 사항
도시 기반시설	상하수도, 폐기물	지자체(지방공기업 등)	큰 불만 없음
	전기, 가스	중앙공기업	큰 불만 없음
	통신, 우편	중앙정부-민간기업	큰 불만 없음
교통	교통인프라(도로, 철도, 공항, 항만)	중앙정부 광역 기초	많이 개선됨. 서비스 품질 개선 여지큼
	버스(마을, 광역), 전철, 기차, 선박, 항공기 등	공영제-공기업-민간기업	많이 개선됨. 서비스 품질 개선 여지큼
주거·주택	단독, 아파트 등	지자체-공기업-민간기업	서비스 품질 개선 여지 큼
생활 시설	공원, 산책로, 체육시설	지자체	서비스 품질 개선 여지 큼
	도서관, 문화예술	지자체	서비스 품질 개선 여지 큼
보건의료	보건소, 병원	민간공급자 주도 지자체 보조	민가주도
복지	절대 빈곤층, 노인, 장애인 등	지자체-중앙정부-민간공급자	중앙정부 정책과 예산이 관건
	취업, 실업 관련 서비스	지자체-중앙정부	중앙정부 정책과 예산이 관건
보육·교육	영유아보육	민간기업-지자체-중앙정부	불만 크고, 서비스 품질 개선 여지큼
	초중등교육	중앙정부 교육청	높은 불만
	고등교육	중앙정부-대학	높은 불만
	평생교육	지자체	높은 불만
커뮤니티		지자체와 주민 자율	높은 불만
재난	소방, 치수	지자체-중앙정부	중앙정부 정책과 예산이 관건
치안	경찰, 검찰, 법원, 교정	중앙정부	중앙정부 정책과 예산이 관건
일자리	산업진흥, 기업육성, 관광진흥, R&D, 교육, 금융, 규제	민간기업-중앙정부	요구, 불만은 크지만 민간기업 주도 영역
외교 안보(국방) 통상 통화 금융 규제 R&D 등		중앙정부사무	요구, 불만은 크지만 중앙정부 주도 영역

안을 먼저 도출해야 한다. 이를 근거로 서비스 공급 주체와 권한, 예산을 재설계해야 한다. 예컨대 지방자치단체의 재량권이 거의 없는 보편복지 서비스는 중앙정부가 재원과 공급을 전담해야 한다. 그리고 국가 위임 사무는 따로 모아 독자적인 조직(국이나 실)을 만드는 것도 검토할 필요가 있다. 교육, 고용(근로기준 등), 공무원의 고용·임금, 인사조직 관련 규제는 연방 수준의 권한과 책임을 가진 광역 지자체의 자율 책임으로 해야 한다. 그 전에는 총액 인건비 한도 내에서 지자체의 자율 책임으로 해야 한다. 직업공무원에 대한 정년보장은 대학의 테뉴어처럼 제공해야 한다.

정당과 지자체장과 지방의원 수준 감안

특별지방행정기관의 사무를 뜯어보면, 이들과 지자체의 행정력이 결합되면 해당 사무의 가치(주민 효능감 등)가 훨씬 올라갈 것 사무가 적지 않다. 대표적인 곳이 고용노동 분야, 중소기업 분야, 산림 관리, 보호 분야 등이다. 특별지방행정기관 정비 2014년에 나온 지방자치종합발전계획에서도 10개의 일반 과제 중의 하나였다. 지방 이양 대상 사무는 총 89개 사무인데 환경 분야는 단순 집행적인 지도·점검 사무(9개 사무)-축산폐수 규제 및 정수장 지도점검, 환경기초시설 실태조사 등을 들 수 있다. 고용노동 분야는 일자리 창출 등 현지성이 강한 사무(13개 사무)-지역경제단체와 협력사업 및 취업 지원, 직업능력개발훈련 등이다. 중소기업 분야는 지역경제 활성화 등 지자체와 유사·중복되는 사무(41개 사무)-중소기업 수출지원센터 운영 및 전통시장 환경 개선, 공장 설립 지원 등을 포괄한다. 식의약품 분야는 주민 식생활 안전과 밀접히 관련된 사무(25개 사무)-식중독 예방 관리 및 어린이 식생활 안전, 수입식품 사후관리 등, 국토하천분야는 건설공사 준공 검사를 비롯한 지자체 수행이 효율적인 사무(1개 사무) 등이 지방 이양 사무로 잡혀 있었다. 그런데 문제는 유력 정당과 지자체장과 지방의원 수준이다. 자칫하면 전형적인 지방직인 소방직이 지자체장의 몰이해와 홀대로 인해 국가직화를 요구하여 관철하는 사태가 재연될 수 있다.

교육자치와 행정자치 통합 및 교육자치권 선 확대

교육자치를 수도권에서 먼 지방부터 먼저 실시하고, 교육자치와 행정자치를 통합한다. 정서나 관행을 고려할 때, 통합(지자체장의 교육감 임명)까지는 아니라도 최소한 러닝메이트제는 필요하다. 수도권에서 먼 지방의 읍면에 경제자유구역이 아니라 교육자유구역을 만들어야 한다. 이를 위해서 초중등교육법령과 국가 교육과정을 대폭 축소하여 복수의 지방 교육 과정들이 경쟁하는 구조로 만들어야 한다.

지방재정제도를 세금 부담 능력(응능성應能性)과 서비스의 수혜
자 부담 원칙(응익성應益性) 등을 고려하여 재설계한다. 지자체가
행정 서비스 품질을 올리면 수입(지방세)이 늘어나고, 공무원들의
고용이 늘어나고, 임금도 올라갈 수 있는 구조로 만들어야 한다.
역으로 기업처럼 수입이 줄어들면 인력 사업을 구조조정할 수 있
도록 해야 한다. 지자체도 방만하면 파산할 수 있는 구조여야 한
다는 얘기이다.

2부
서울을 어떻게 할 것인가?

1장
서울시장의 4대 비전

2021년 4월 7일 재보선을 통해 선출되는 서울시장의 임기는 1년 남짓이다. 대통령과 국회는 법률과 대통령령과 예산(보조금 등)을 통해 서울시를 포함한 지방자치단체의 행위를 언제든지 묶거나 틀거나 옥죌 수 있다. 국회는 더불어민주당의 일당천하이다. 서울시 25개 자치구 중 서초구 하나를 제외한 24개 자치구의 구청장은 다 더불어민주당 소속이다. 서울시의회는 더불어민주당 102석, 국민의힘 6석, 정의당 1석, 민생당 1석으로 극단적으로 쏠려 있다. 2018년 6월 12일 싱가포르에서 열린 미국-북한 정상회담 바로 다음날 치러진 6.13지방선거의 결과이다.

그럼에도 서울시장은 본인이 원하든 원하지 않든 잠룡(유력한 대통령 후보) 반열로 올라가기에, 그의 정견과 행위는 대중의 큰 관심을 받는다. 본인의 입으로 단 한 번도 정치를 하겠다는 의사를 피력하지 않는 윤석열 검찰총장이 대권 후보 지지율 1위로 올라서는 것을 보면 알 수 있다. 또한 서울시장은 정당의 큰손이자, 한 해 40조 원 넘는 예산을 편성 집행하고, 수만 명의 공무원과 공공기관 직원들의 인사에 큰 영향을 미치는 행정가이기도 하다. 공무원에 대한 영향력보다, 공사·공단[17](서울교통공사, 서울주택도시공사, 서울에너지 공사 등)과 출자·출연 기관(서울의료원, 서울시 여성가족재단, 서울시 복지재단, 서울시미디어재단(TBS) 등)과 본부·사업소[18](서울시립대학교, 소방서, 서울도서관, 은평병원 등)에 대한 다양한 영향력이 더 크다. 이 중 서울교통공사는 2019년 기준 직원이 1만 6,000명이 넘고[19], 자산은 13조 2,000억 원을 넘는다. 직원(정규직 총괄) 평균임금은 2019년 기준 69,406,000원이고, 신입사원 초봉은 33,119,000원이다.

지방 발전 비전 없이 서울 발전 비전 없다

서울은 국가의 중추기능을 수행하는 기관과 사람이 모여 있는 곳이기에 중앙이다. 그것도 정치, 경제, 교통, 교육, 문화 등 거의 모든 것의 중심이다. 블랙홀 같은 도시이다. 한국에서 지방은 서울이 아닌 나머지 지역을 말한다. 그런데 서울시는 지방자치법상 지방자치단체의 하나이다. 서울은 지방(자치단체)이면서도 중앙

---

17) https://www.seoul.go.kr/seoul/pubcorp.do
18) https://org.seoul.go.kr/bonbu/orgChart.do
19) 정원 16,753명, 현원 16,073명으로 700명 가량의 T/O가 있다. 비정규직은 불과 38명이다.
   http://cleaneye.go.kr/user/empGongsiData.do?entId=2017000008
   &entName=%EC%84%9C%EC%9A%B8%EA%B5%90%ED%86%B5
   EA%B3%B5%EC%82%AC&itemId=ownerStatus&itemNo=2_2_1

(중심)이다. 서울은 서울 시민의 특수한 이해와 요구가 법령이나 국가 정책으로 전환되는 경향이 있다. 예컨대 최저임금 1만 원 요구는 생활비가 비싼 서울·수도권 고학력 청년의 특수한 요구였고, 반값 등록금 요구도 마찬가지였지만 국민 전체를 살피지 않는 정치인들에 의해 나라 전체에 일률적으로 적용되는 법·제도·정책으로 전환되었다. 부동산 가격 폭등도 주로 서울, 그것도 강남의 특수한 문제였지만 부동산 규제나 세금 정책은 나라 전체에 일률적으로 적용되었다. 서울에서 일어난 사건은 대개 전국적 사건이 되는 경향이 있다. 해운대 백사장에서 100만 명이 모여 반정부 집회를 하는 것과 광화문광장에서 100만 명이 모여 반정부 집회를 하는 것의 정치적, 사회적 의미는 확연히 다르다. 그렇기에 부산, 광주, 대전, 인천 시민의 이해와 요구만 아는 시장은 나라에 큰 해악을 끼치지 못하지만, 서울 시민의 이해와 요구만 아는 서울시장은 나라에 큰 해악을 끼칠 가능성이 크다.

미국, 일본, 중국, 독일, 프랑스, 영국의 수도와 달리 '지금 한국'의 서울의 문제는 지방의 문제와 동전의 양면 관계이다. 단적으로 서울·수도권의 과밀, 혼잡, 주택난, 부동산 가격 폭등 문제는 기본적으로 지방의 인구·기업 흡인력과 기회·희망 창출력의 저하로 인해 생긴 문제다. 사실 한국에서 시장(market) 문제는 비시장(주로 정부) 문제와 동전의 양면관계고, 부동산 자산(가격, 투기 등) 문제도 비부동산 자산, 즉 화폐, 금리, 주식, 금 등의 문제와 동전의 양면관계이다. 서비스업(과당경쟁, 저부가가치 등) 문제는 비서비스업, 즉 제조업·건설업·농업 문제와, 비정규직 문제는 정규직 문제와, 사교육 문제는 공교육 문제와, 교육 문제는 교육 외적 문제(경제, 고용, 노동, 복지)와 동전의 양면관계이다. 물론 지방자치단체의 공공서비스 문제는 국가(국회와 정부)의 공공서비스(법, 규제, 예산 등) 문제이다. 동전의 양면관계는 볼록한 앞면의 문제를 해결하려면 오목한 뒷면 문제를 해결해야 한다. 요컨대 서울 문제만 천착해서는 서울 문제도 해결할 수가 없다. 대한민국 문제와 지방 문제를 풀어야 서울 문제를 풀 수가 있다.

같은 값이면 다홍치마라는 말이 있다. 같은 값(돈)이면 상품 서비스든 문화든 서울에서 소비하면 가성비가 높다. 그뿐 아니라 서울에서 교육받고(하고), 서울에서 치료받고, 서울에 거주하면서 지방으로 출장·이동하고, 서울에서 창업하거나 취직하는 것이 훨씬 나은 경우가 많다. 회사의 주소지도 서울이면 해외 비즈니스에 조금은 도움이 된다. 게다가 중국, 일본, 미국, 유럽 등의 유동성(투자, 투기 수요)도 주로 서울로 몰려든다. 이는 기본적으로 세금, 교육, 복지 제도도, 고용·노동 규제도, 산업·환경·안전 규제도 서울과 지방이 동일하기 때문이다. 이는 서울과 지방을 평등하게 만드는 것이 아니라 지방이 자신의 처지를 약진의 발판으로 삼지 못하게 막는다. 바꾸어 말하면 서울이 가진 강점, 장점만 부각시킨다. 그렇기에 경제 정책을 엉망으로 해서, 한국의 자산 가치가 폭락해도 서울의 자산은 맨 마지막에 가라앉는다. 다행으로 여길 일이 아니다. 지금 대한민국은 모세혈관이 말라붙고, 손발이 썩어 들어가고, 서울·수도권이라는 심장과 그 주변만 살아서 헐떡이는 사람에 비유할 수 있다.

서울은 사람 간 소통과 교류를 통해 지식과 정보를 주고 받고, 창의와 열정 조직하여 어떤 가치를 생산하는 시대, 다시 말해 중후장대형 장치 산업이나 조립가공 산업이 아니라 지식·창의 산업이 중심으로 되는 시대는 서울의 인구·인재, 교육, 교통, 의료, 문화 서비스 집적도는 커다란 강점이 된다. 행정 서비스도 서울이 나을 가능성이 크다. 잘난 사람들이 많고, 중앙언론사가 몰려 있어 감시와 비판의 눈이 많기 때문이다. 한 마디로 울산, 포항, 창원 등이 일취월장하던 개발연대에 비해 지방의 인구·산업 흡인력이나 기회 창출력이 너무 약해져 있다. 아니, 한국은 국가 규제로 지방이 매력을 발휘할 소지를 없애 버렸다. 이대로 가면 지방은 상대적으로 싼 부동산, 비교적 낮은 밀도(널널한 공간) 등 몇 개의 매력만 존재하게 된다. 서울·수도권 집중은 점점 심해지게 되어있다.

서울시장의 4대 비전 제시 의무

유력한 국가 경영자(정치인)이자 정당의 큰손이자 지자체 경영자인 서울시장은 4대 비전을 보여 주어야 한다. 국가 발전 비전, 정당 발전 비전, 지방 발전(서울과 지방의 동반 발전) 비전, 서울 발전 비전이 그것이다. 4대 비전에 대한 깊은 연구, 고민이 깊지 않은 사람은 다른 도시 시장이라면 몰라도 서울시장 자격은 없다. 짧지 않은 기간 동안 국회의원을 하고, 정당의 주요 보직을 맡았으면서도 지독한 기형인 지방자치제도를 고치려고 노력조차 하지 않았고, 또 지방 자치와 분권, 균형 발전을 촉진하는 법안 한 건도 발의하지 않은 정치인 역시 서울시장 자격은 없다고 보아야 한다. 물론 도시에 대한 이해가 없는 것도 여간 심각한 결격 사유가 아니다.

전 서울대 미대 학장이며, 서울시 초대 디자인서울총괄본부장(부시장, 2007~2009년)을 지낸 권영걸 교수는 박원순과 재보선 서울시장 후보로 거론되는 사람들에 대해 이렇게 성토했다.

나는 단언한다! 그들은 도시에 대한 인문·지리적 성찰, 도시성 urbanity과 도시생태에 대한 지식, 도시의 인프라스트럭처에 대한 이해가 없는 사람들이다. 도시와 도시민들의 삶보다는 그저 서울시장직의 정치적 의미와 상징가치에 관심이 쏠려 있는 사람들이다. (…) '도시란 무엇인가?'에 대한 한 조각 지식도, 관심도, 없는 사람을 뽑아 임기가 끝날 때쯤에야 희미하게 도시를 알게 되는, 그러한 낭비적인 역사를 되풀이하지 말기 바란다.

서울시장은 토지 이용 규제와 도로, 전철 관련 정책으로 일부 지역에 엄청난 재산상의 이득을 줄 수 있다. 토지의 용도를 변경하고, 건폐율과 용적율을 조정하고, 도로를 넓히고, 경전철을 뚫고, 공원과 도서관을 만들고, 소음 많은 도로나 한강 접근을 어렵게 하거나, 도시를 일도양단하는 큰 도로나 철로(강변북로, 올림픽대로, 경부고속도로, 지상철도 등)는 지하화하거나, 덮개를 씌우고, 과거 굴착 기술 수준이 낮았을 때 불가피하게 만든 터널 출입구의 여유 공간을 개발하고, 기피시설은 멀리 이전하는 등으로 주변 지역의 부동산 가치를 확실히 높여 줄 수 있다. 최신 토목건축 기술의 성과를 활용하면 과거에 비해 저렴한 비용으로 할 수 있는 것도 많을 것이다. 물론 이는 그리 어렵지 않은 일이다.

　주택·부동산 문제는 건폐율은 낮게 용적율은 높게 가져간다는 원칙으로, 뉴타운이나 재개발·재건축을 과감히 하면 된다. 하지만 서울시장이 비전과 공약이 대부분이 땅과 건물 관련된 것이라면 곤란하다. 서울 발전 비전의 요체는 누군가 생산한 가치를 가져오는 방식, 즉 지대(렌트) 추구 방식이 아니라 인간의 창의와 열정을 발양하고 조직하여 새로운 가치를 창출하고, 삶의 질을 끌어올리는 것이어야 한다. 이 핵심은 청계천, 뉴타운, 신도시, 한강, 영동대로 지하화 등 땅과 건물로 대표되는 하드웨어 개발이 아니라 제도를 바꾸는 소프트웨어 교체이다. 철 지난 이념이 아니라 이성으로, 공론이 아니라 공학(엔지니어링)으로 서울시정을 해야 한다.

서울의 핵심 특징

사실 지리와 인구 현황만 파악해도 그 지역의 핵심 특징과 문제점을 대략 파악할 수 있다. 이런 통찰을 10개 정도의 단문으로 정리해 보는 것도 자신의 정책의 골조를 잡는 데 크게 도움이 된다. 예컨대 지리, 인구 통계 등에 입각한 서울의 핵심 특징을 서술해 보면 다음과 같다.

1) 한강이 W자로 중심을 관통하고 백악산(청와대 뒷산), 인왕산, 낙산, 남산의 내사산內四山과 수많은 야산이 산재하고 그 바깥을 북한산, 덕양산, 용마산, 관악산의 외사산外四山이 둘러싸고 있는 (맨얼굴이) 정말로 아름다운 도시이다. 이는 외국인의 눈으로 본 서울의 지리적 매력 포인트의 핵심이다. 재정을 투입하여 서울을 아름답게 만든다면, 시민들이 이 산들과 강(지류 포함)에 쉽게 접근하도록 만들어야 한다. 또한 이들을 잘 활용하고(유람선, 수상레저 등), 이들의 아름다운 맨 얼굴(자연적인 아름다움)을 찾아주고, 꼭 필요하면 약간의 화장(예컨대 한강 노들섬 등)을 해야 한다. 자칫하면 서울이라는 자연미인의 얼굴을 천박한 성형수술과 화장으로 망쳐 놓을 수 있다.

2) 600년이 넘은 역사도시와 40년 된 신도시가 공존한다. 이들은 발전 전략이 다르다. 외관 꾸미기에 치중하다 보면 서울의 역사성을 경시하거나 훼손할 수 있다는 것을 의미한다.

3) 젊은 도전자들(25~49세)의 도시이다. 세계의 다른 대도시도 마찬가지겠지만, 서울도 전국 평균에 비해 25~49세 비중이 꽤 높다. 이는 육아와 교육은 말할 것도 없고, 공정한 경쟁 환경을 보장하는 것이 대단히 중요하다는 것을 의미한다.(실제로는 약자 보호도 안 하면서) 정서적으로 약자 보호를 고창하는 진보 세력이 유념해야 할 측면이다. 또한 1~2인 가구 비중이 매우 높은 도시이다. 이것은 당연히 부부와 자녀 2명으로 이루어진 4인 가구를 표준으로 한 주택 형태(아파트 평면도)의 변화를 요구한다. 15평 이하의 소형 아파트, 공유 주택(쉐어하우스), 조부모-부모-자녀 3세대가 불편함 없이 살 수 있는 주택 등 다양한 형태의 주택이 공급되어야 한다는 얘기이다. 또한 10~20년 내에 보편화될 자율주행차는 자동차 이용 행태에 큰 변화를 불러일으키면서, 대도시의 가장 큰 골칫거리인 주차장 문제와 대중교통 문제를 획기적으로 해결할 수가 있다.

4) 교육도시이자 3차 산업과 지식산업이 압도적인 도시이다. 이는 서울의 핵심 경쟁력과 산업 발전 방향을 시사한다.

5) 날림으로 건설해서 정상적인 도시로 다시 태어나고 있는 도시이다. 이는 도시 재개발(재생)과 도시 디자인의 중요성을 의미한다. 이명박의 청계천 공약, 버스중앙차로제의 전면 실시가 엄청난 정치적 이익을 가져다준 것은 도시재개발과 과감한 도시 디자인에 대한 뿌리깊은 열망이 있기 때문이다. 또 과감하고 강력한 추진력에 대한 열망이 있었기 때문이다.

6) 부동산 불로소득이 엄청나게 발생했고, 서울 대부분의 중산층은 이를 깔고 즐겨 왔다. 동시에 토건족의 이해와 요구가 강하게 관철되는 도시이다. 서울이 세계에서 유례가 없을 정도로 빽빽한 고층 아파트 공화국이 된 것도, 도시 재개발(뉴타운)에 대한 열망이 강한 것도 이 때문이다. 어쨌든 서울 중산층과 토건족의 이해와 요구를 직시하지 않고는 서울시를 제대로 경영할 수 없다고 보아야 한다.

7) 주거비, (상가)임대료, 교통비 등 생활비가 비싼 도시이다. 이는 서울시민의 팍팍한 생활의 원천으로 이를 경감할 대책이 필요하다.

8) 엄청난 문화적 다양성(아시아 최고)의 도시이다. 서울의 지리적 첫째 특징이 한강과 내사산이라면 서울의 인문적 첫째 특징

은 엄청난 다양성의 도시라는 것이다. 이는 3만 달러대 소득을 가진 국민 2,500만 명이 밀집해서 살면서 연출한 것이다. 서울의 지리적 특성과 문화적 다양성을 개발하는 것이 서울 매력 포인트의 핵심이다.

9) 한국의 거의 모든 것을 빨아들이는 블랙홀이자 과밀 도시이다. 서울 접근성은 주변 지역민들의 꿈이다. 이는 8)의 결과이다. 어쨌든 서울 주변 지역민들에게는 서울과의 시간적 거리를 좁히는 것이 큰 욕망이기에 여기에 조응하는 것이 매우 중요하다.

10) 커뮤니티가 형성되지 않는 고독한(원자화된) 도시이다. 현대 사회의 많은 문제를 해결해 가는 중심축은 개인의 자율·책임과 시민사회(커뮤니티)의 자율·책임을 강화하고, 국가의 관리능력과 책임성을 높이는 것이다. 그런데 서울의 경우 지리적 근접성에 기초한 커뮤니티가 형성되지 않는다. 커뮤니티가 형성될 수 있도록 돕는 것이 정부의 책임이긴 하지만, 서울의 특성을 살린 우회로가 필요하다고 보아야 한다.

2장
박원순 서울시정-박원순은 죽었어도
시대착오적 시정은 죽지 않았다

멍부를 능가하는 최악

한국에서 지탄받는 시장들은 대개 부정을 저지르거나 너무 게을러 빠진 사람이었다. 시장이 일에 관심이 없으면 대체로 공무원 천하가 만들어진다. 그런데 박원순은 엉뚱한 일을 너무 열심히 했다. 시대착오적인 가치와 정책을 너무 많이 구현하고, 서울시청과 산하기관과 예산 사업을 자신의 대권 플랫폼(전초기지)으로 만들었다. 서울시장 자리를 자신의 정치적 지명도를 올리는 수단으로 활용한 징후가 뚜렷하다. 일반적으로 최악의 상사는 '멍청한데 부지런한 상사'(멍부)라고 한다. 그런데 박원순을 보니 그보다 더 최악은 똑똑하고 부지런한데 사리사욕(대권욕)과 시대착오적인 이념으로 똘똘 뭉친 상사이다.

박원순은 평소 농반 진반으로 '과로사가 꿈'이라고 하였다. 같이 일해 본 사람들은 이구동성으로 박원순은 '일 중독자'라고 하였다. 2013년에 낸 책에서 그는 '삶의 원동력은 재미', '세상을 바꾸는 재미'라고 하였다. '시민의 삶을 행복하게 바꾸는 재미가 원동력'(6쪽) 그런데 불행히도 일의 의미를 묻지 않았다.

유년 시절 추억에 대한 집착

1955년 2월 경남 창녕군 농촌 마을에서 태어나 유년 시절을 보낸 박원순 서울시장(2011년~2020년)은 유달리 과거의 흔적이나 역사적 유산 보존에 집착하였다. 박원순은 2011년 서울시장 당선 직후부터 이전까지의 도시 정비 방식을 '철거식 재개발'이라 규정하고, 자신은 '보존형 도시재생'을 추진할 것이라고 하였다. 기자간담회 등에서 과거 방식의 재개발이 획일적인 아파트 중심이었지만, 자신은 '역사, 문화, 스토리를 보존해 나가겠다'면서 '서울의 브랜드 중 하나가 리사이클(재생·재활용)이 될 것'이라고 하였다. 정비 사업에서 특별히 강조한 것은 '마을 공동체', '골목 재생' '역사·문화 보존'이었다. 2013년부터 등록문화재로 등재되지 않은 유·무형 자산을 '서울미래유산'으로 등록하였다. 세운상가 일대 재개발 과정에서 '을지로'는 산업 근대화 시대의 명암을 보여주는 '소중한 생활 유산(을지면옥, 조선옥, 양미옥 등 노포老鋪)을 보존'한다면서 일대 정비 사업을 전면 중단시키기도 하였다. 옛 성동구치소 재개발 과정에서는 구치소 시설 일부를 보존·리모델링하도록 하였고, 잠실주공 5단지 재개발 과정에서는 굴뚝과 아파트 1개 동 존치를, 개포주공 4단지 재개발 과정에서는 58개 동 중 2개 동을 미래유산으로 지정하여 존치를 요구하였다.([박원순 표 정비사업] ①'굴뚝·달동네·노포… 보존해라')[20]

박원순은 기본적으로 변화에 대해서 보수적이었다.

'세계 어느 도시를 가도 서울처럼 이렇게 온 도시가 한꺼번에 커다란 변화를 겪는 곳은 없다. 아무리 문제가 있어도 조금씩 조금씩 고쳐 나가야'(141쪽)

이명박 시장이 주도한 청계천 복원에 대해서도 마뜩찮게 생각한다.

'원래 청계천은 조선 초중기의 토목 관련 기술이 집적돼 있어 유네스코 세계문화유산으로 충분히 등록될 만한 가치가 있는데, 제대로 보존과 재생이 되지 못해 아쉬워'(131쪽)

박원순은 서울을 마차가 달리던 길을 차도로 사용하는 유럽의 고도를 모델로 개조하려 한 것처럼 보인다. 박원순 시장과 오랜 교분이 있는 엄상익 변호사는 '엄변호사의 못다한 이야기'를 통해서 이렇게 회고한다. 어느 날 둘이 만난 사적인 자리에서 박원

---

20) http://news.bizwatch.co.kr/article/real_estate/2020/03/09/0018)

순 시장에게 "서울시장이 되니까 어때?" 하는 질문에 대한 박원순 시장의 답이다.

내가 생각하는 데 따라 큰 정책과 예산이 달라지고 엄청난 영향을 미치는 일들을 할 수 있어요. 강북의 사대문 안을 파리처럼 역사로 만들고 싶은데 전 시장들이 왜 그렇게 건축허가를 내줬는지 몰라. 난 절대로 용적률을 높이지 않을 거야. 오히려 줄여 버릴 생각이야. 이명박 대통령은 청계천을 살렸지만 난 조선시대의 한양을 재현할 거라니까요.[21]

대도시에 대한 혐오, 유년 시절 농촌에 대한 회귀

'서울은 왜 옆집끼리 인사도 안 하고, 지역의 문제를 스스로 풀어가는 공동체 문화가 없을까?' 외국의 도시들을 돌아다니면서 제가 늘 품었던 질문 (…) 서울과 우리나라 여러 도시들이 겪고 있는 문제의 핵심이 공동체의 붕괴에 있다는 생각이 들더군요. 외국의 살기 좋은 도시들은 대부분 공동체가 살아 있거든요. 공동체가 붕괴되면서 실직, 범죄, 자살 등 모든 책임이 개인에게 떠맡겨집니다. (…) 그래서 (소득이 올라도) 삶의 질이 떨어져(159쪽)

---

21) https://m.blog.naver.com/PostView.nhn?blogId=eomsangik&logNo=222177512835&proxyReferer

'어릴 적 시골 마을을 떠올리면, 그때는 얼굴도 다 알았고, 서로 서로 도우면서 살았고, 누구나 선생님이었어요. (…) 그 때는 초등학 교와 중학교만 졸업해도 누구나 사람 구실을 했어요' '공동체가 살 아나면 골목 상권과 마을경제가 살아나고 일자리가 생기는 효과가 있습니다'(160쪽) '마을공동체 만들기는 아파트가 더 유리해요. 우 선 주민들이 많이 모여 있잖아요.'(161쪽)

안전속도 5030

교통사고 감소를 위해 일반도로 시속 60km를 50km로, 주택가 등 이면도로 시속 40km를 30km로 하향하고 있다. 그로 인해 속 도위반 단속 건수는 2016년 809만 건, 2017년 1,184만 건, 2018 년 1,215만 건, 2019년 1,240만 건으로 꾸준히 늘고 있다. 스마트 폰 네비게이션을 사용하지 않는 사람이 없고, 교통사고도 꾸준히 감소하는 상황에서 이는 상식에 어긋나는 일이다.

교통 과태료와 범칙금은 2017년 8,857억 원(경찰청 과태료는 7263억 원), 2018년 8,429억 원(7,465억), 2019년 8,862억 원 (7,886억 원)으로 급증. 2020년 6월까지 4469억 원. 현재 추세라 면 9,000억 원을 넘을 것. 이는 일반회계 세외 수입으로 잡혀서 어 디에 어떻게 쓰이는지 알 수 없다.

속도 제한은 후방 추돌 위험을 높인다. 규정속도 20km 이상 위반이면 벌칙이 상당히 세다. 수백만 명이 하루에도 면허 취소에 해당하는 속도 위반을 한다. 정권이 단속과 처벌을 엄격하게 하면 수백만 명이 운전면허를 취소당할 것. 생존권에 대한 위협이다. 코로나 방역 빙자 의무와 제한은 '관'이 어떤 업소든 털면, 규정 위반 사례를 숱하게 찾아낼 것. 생존권에 대한 심대한 위협으로. 자유권, 재산권이 국가의 손아귀에 들어가는 과정이다.

박원순과 안전속도 5030 추진 세력들은 인간의 자연스런 행동에 대한 이해와 존중도 없고, 경제사회적 비용 대비 편익 개념도 없고, 도시에 대한 이해도 없고, 몸을 빨리 많이 움직여야 하는 서민의 애환에 대한 이해도 없다. 한국은 지난 20년간 도로교통사고 사망률이 크게 감소하였다. 1991년 31명으로 정점을 찍고, 2000년 21.8명에서 경향적으로 내려와 2019년 현재 6.5명이다.

그럼에도 교통사고 사망자를 더 줄이는 방법을 알고 있다. 사람의 이동과 차량 운행 자체를 통제하고, 제한속도를 확 줄이고, 주위를 잘 살피지 못하는 노약자들은 동반자 없이는 외출을 금지하면 된다. 그러면 경제가 폭망하고 다른 원인의 사망자가 폭증할 것이다. 1명의 생명이 소중한 줄 몰라서가 아니라 경제사회적 비용 대비 편익이 작기 때문에 하지 않을 따름이다.

OECD 주요국의 도로교통사고 사망률(10만 명당)

	2000	2009	2019	2019/1999
영국	6.1	3.7	2.7	44%
일본	8.2	4.5	3.1	38%
스페인	14.1	5.8	3.9	28%
독일	9.2	5.1	3.6	39%
프랑스	13.7	6.8	5.0	36%
호주	9.6	6.9	4.7	49%
이탈리아	12.5	7.2	5.2	42%
한국	21.8	11.8	6.5	30%
미국	14.9	11.1	11.2	75%

자본주의에 대한 혐오

우리는 너무나 처참할 정도로 신자유주의와 자본주의의 극단적인 폐해들을 계속 축적해 왔어요. 무한경쟁에 노출되면서 삶의 모든 것을 스스로 책임져야 하는 극심한 스트레스에 시달려 온 거죠. 그러니 누구나 힘들고, 그래서 힐링을 찾습니다. (…) 대안적인 체제로 바뀌어야 합니다. 서울시장이 되고 나서 마을공동체 만들기를 포함해 협동조합 만들기, 사회적 기업 만들기, 비정규직의 정규직화 등을 추진했는데, 제가 이런 사업들이 성공할 수 있는 시대적 흐름을 탔다고 생각해요.(169~170쪽)

이는 협동조합에 대해 과도한 의미 부여를 하도록 하였다.

　'협동조합은 지속가능한 경제, 지속가능한 고용, 지속가능한 사회를 만들어 줍니다.(1조합원 1표 원칙 등) 평등한 소유구조와 분배구조로 공존과 공용 정신이 밑바탕에 깔려 있기 때문에 개인의 이윤이나 탐욕이 끼어들 수 없어요.'(203쪽) '이탈리아 볼로냐에는 400여 개의 협동조합이 있고, 전체 경제에서 협동조합이 차지하는 비중이 45%(…) 이탈리아 전체 실업률이 10.6%인데 볼로냐는 6.4%(…) 협동조합이 우리의 미래라는 생각이 확실히 들었습니다.'(203쪽) '협동조합은 과거 농촌에 있던 두레, 계와 같은 공동체 문화와 닮은 점이 있습니다. 따라서 식민지 시대와 근대화 과정을 거치면서 잃어버린 우리의 전통문화 유산을 다시 회복하는 측면도 있다고 봅니다.'(204쪽) '2013년 협동조합 500개, 사회적 기업 100개, 마을기업 80개를 지원해서 4,460개의 일자리를 만들어 낼 예정… 일자리를 늘리려면 새로운 산업, 새로운 기업, 새로운 영역을 개척해야 합니다. 그것이 바로 협동조합, 사회적 기업, 창조산업입니다. 과거의 정치인들은 이 점에 대한 이해가 많이 부족했어요.'(202쪽)

　박원순은 공동체성을 오해하고 있다. 아파트 단지라 하더라도 (엘리베이터, 통로, 동) 이웃끼리, 입주자끼리, 잘 지내는 곳도 많다.

공동체성 회복도 필요하다. 지연, 혈연, 업연(직연), 종교연, 취미연, 정당연 등등 사람들의 관계망 속에서 공동체성 회복은 필요하다. 그리고 공동체성은 보편가치를 지향해야 한다. 근로자 전체, 구직자와 미래 세대로까지 나아가야 함은 물론 인류와 지구의 자연과 생명까지! 그러나 박원순은 공동체성을 대단히 협소하게 해석하였다.

주택·부동산 재테크에 대한 혐오

박원순은 주택의 사용가치(편안한 안식처이자 휴식의 공간)만 주목하고 교환가치 등을 백안시하였다. 주택은 돈벌이(재테크) 수단이 되어서는 안 된다는 아집과 강박이 강했다. 2011년 10월 서울시장 보궐선거에 출마한 박원순 후보의 제1번 공약인 '집 걱정 없는 서울, 희망둥지 프로젝트'에서 집은 소유하는 것, 사는 것(買)이 아니라 사는 곳(居)이라는 신념에 따라 장기전세주택과 공공임대주택 공급 계획만 제시하였다.

서울은 내 집이 있으면 하우스 푸어(House Poor)로, 없으면 렌트 푸어(Rent Poor)로 고통스러운 도시가 되었습니다. 서울에 1~2인 가구가 절반에 육박하지만 마음 놓고 살 수 있는 둥지는 턱없이 부족합니다. 서민과 중산층에게는 장기전세주택을, 저소득층에게는

임대주택을 확대 공급하겠습니다. 매입임대주택, 협동조합형 주택, 장기안심 주택 등 다양한 공공임대주택을 공급하겠습니다.

그래서 박원순은 오세훈 시장의 공공임대주택 6만 호 공급 목표에 2만 호를 추가하여 8만 호를 공급하겠다고 공언하였고, 당선 후 이 공약은 지켰다. 문재인정부와 민주당의 많은 정책 목표들처럼 공공임대주택 공급 확대의 근거는 OECD 평균이다. OECD 평균 공공임대주택 비율은 11.5%인데 반해 한국은 6.1% 수준이라는 것이 핵심 근거였다.

유럽, 일본의 고도古都의 꿈

'설사 뉴타운 사업이 수익성 악화 없이 잘 추진됐다고 해도 문제 (…) 아파트만 계속 올라가고, 원래 있던 아기자기한 골목 공동체 와 동네 공동체는 다 사라지는데, 그게 과연 우리의 미래일까요?' (148쪽)

'1,000만 명이 살고 있는 서울이라면 각 구나 동마다 나름대로의 산업지구, 상업지구, 문화지구의 기능이 있고 그 안에서 해결되는 자족도시여야 하는데 그렇지 못한 거죠.'(148쪽)

이런 생각으로 뉴타운[22], 재개발·재건축[23] 등 393개의 정비사업을 해제하여, 결과적으로 25만 호 가량의 주택 공급을 막았다.[24]

일본에 대한 혐오, 페미니즘, 생태주의

박원순은 2017년 8월 14일 일본대사관 앞을 지나가는 151번 버스 왼쪽 2번째 좌석에 합성수지로 만든 위안부 형상(자칭 평화의 소녀상, 실은 증오의 소녀상) 옆에 꿇어 앉아 슬픈 표정으로 소녀상을 어루만지는 모습을 10분간(안국역~을지로입구역까지) 연출하였다. 총 5개를 제작하여 151번 버스에 태우고 나중에 대전, 전주, 대구, 목포, 부산에 설치된 소녀상 옆 빈 의자에 앉힌다고 하였다.[25]

박원순은 2019년 11월 18일 서울 동대문디자인플라자(DDP)에서 열린 2019 서울 국제돌봄엑스포에서 서울의 돌봄 정책을 소개하면서 "3년 전 『82년생 김지영』을 보고 눈물을 흘렸다"면

---

22) 도시재정비촉진법에 의거, 일정 지역을 대규모 아파트촌으로 개발
23) 노후된 곳만 정비하여 소규모 아파트촌으로 건설
24) 이명박 시장 당시 뉴타운 300구역, 재개발 500구역, 재건축 500구역이었는데, 2013.1 현재 450구역만 준공하였다. 부동산 가격의 정체로 인해 수익성이 잘 안 나왔기 때문이다. 2005~2011년 7년간은 이전 7년에 비해 5.7배가 늘어났다.
25)http://m.monthly.chosun.com/client/mdaily/daily_view.asp?idx-=5007&Newsnumb=2018095007.hani.co.kr/arti/area/area_general/806735.html#cb

서 이렇게 말했다.

'주인공 김지영은 굉장히 평범한 여성이고 직장인이었으며, 충분한 교육을 받았고 성공할 재능과 꿈을 가졌던 사람'인데 '그 꿈은 결혼하고 아기를 낳으면서 산산이 부서졌다'면서, '현재 대한민국에서 육아와 돌봄은 오로지 개인과 가족, 특히 여성의 부담이기 때문'이기에 '개인과 시장의 영역에 있는 돌봄을 공공과 국가가 책임져야 한다'고 강조했다.

원전 1기를 줄인다는 명분으로 1조 7,000억 원을 들여 추진하고 있는 아파트 베란다 거치형 태양광 발전 사업도 효율(혈세 낭비), 안전성(화재 위험, 태풍시 손상 등), 반反 환경성을 골고루 갖춘 그야말로 미친 사업이라고 할 수 있다.

박원순은 2020년 1월 13일 오후(미국 시간) 미국 워싱턴DC 미국외교협회(CFR)에서 열린 초청 강연에서 '지금부터 2022년 베이징 동계올림픽 기간까지 한반도 일대에서 북한과 한·미 정부 모두에게 군사훈련을 포함한 일체의 긴장 고조와 적대 행위들을 잠정적으로 중단하기를 제안한다'고 했다. 또한 '남북단일팀 구성'도 제안하고, 대북 제재 완화도 요청했다. '서울시는 인도적 차원에서 대동강 수질 개선 협력 사업, 2032년 서울-평양 공동 올림픽 개최는 물론, 다양한 인도적 지원과 문화·체육 분야의 교류를 추진할 준비가 됐다'면서 '그러나 (대북 제재 때문에) 인도적이고 평화적인 대북 협력 사업조차 추진하기 힘든 실정'이라고 토로했다. 그 밖에도 한미 방위비 분담금의 합리적 조정도 강조했다.[26]

혈세 빨대, 공공양반 양산

우리 사회의 최고, 최대 문제는 일자리 문제라는 데 대해 이견을 달 사람은 거의 없을 것이다.

박원순도 『정치의 즐거움』(박원순·오연호 공저, 2013)의 첫머리부터 공공 부문 비정규직의 정규직화에 대한 감회를 피력했다. 박원순은 '서울시의 혁명은 모두 일자리 혁명을 위한 것'이라고 하였다. 협동조합, 사회적기업, 마을기업을 강조한 것도, 시장 집무실을 가득 채운 500개가 넘는 서류함들도 전부 일자리 혁명을 위한 자료라 하였다. 박원순은 본인이 원하지 않는 비정규직을 비인간적인 제도라 생각한다. 노동유연성을 신자유주의 사조의 산물로 본다.

본인이 원하지 않은 비정규직은 비인간적인 제도예요. 내일모레 잘릴지도 모르는데 어떻게 자기 인생의 일정과 계획을 설계할

---

26)http://www.hani.co.kr/arti/area/capital/924371.html#csidxf18fe-
b6ee54c5dcb4797bccb0b23111

수 있겠어요? 그런 상황에서는 열정을 갖거나 꿈을 꿀 수가 없어요.(196~197쪽)

그 기준은 '어떤 일이든 시를 위해 상시적이고 지속적인 업무를 하고 있으면 정규직으로 전환한다'는 기준을 세웠다.(198쪽)

박원순은 비정규직은 사용자가 '임금이나 대우에서 차별하기 쉬우니까 비정규직을 강요'한다고 생각한다.

기업이나 공공기관에서 임금이 싸고 쉽게 정리해고 할 수 있는 효율성만 생각해서 비정규직 제도를 악용… 이것이 신자유주의의 물결을 타고 노동유연성이라는 이름으로 우리 사회를 덮치니까 노동인구의 절반 정도가 비정규직이 되어 버렸죠. (…) 소속감과 자부심이 없으니 노동의 질도 떨어지고, 결국 기업 발전도 한계에 봉착합니다. (…) 저는 일자리 창출보다 나쁜 일자리를 좋은 일자리로 바꿔주는 것이 더 중요하다고 생각합니다.(200쪽)

이에 따라 '1차로 2012년 5월 1,133명 전환, 2차로 2013년 말까지 6,231명 전환'을 완료하였다.(196쪽)

2013년 예비비 210억 원 들여서 3개월짜리 일자리를 4개월부터 9개월까지 늘렸다. 그 외에도 예산을 젖줄로 하여 서울에너지지킴이 150명, 보육코디네이터 150명, 청년혁신가 200명, 청년문화지리학자 100명, 맨홀조사가, 장애인재활지원도우미, 안심귀가스카우트 등을 만들어 냈다.

서울형 뉴딜 일자리

박원순은 일자리 정책과 관련해서 이렇게 말했다.

> 사회적 기업을 하고 싶으면(…) 창업지원센터에서 1차로 교육 등 지원을 하고, 서울보증기금에서 저리 융자로 사업비 대주고, 제품 생산하면 팔아 주고(…) 서울통상진흥원에서 사회적 약자 기업이 생산한 물건 판매 지원을 하고(…) 서울시 공공구매 예산(2013년 3조 6천억 원)으로 새로 시작한 청년사업가나 협동조합, 사회적기업의 물건을 구매하고, 광화문광장의 희망나눔장터가(…) 잘되면 서울역, 용산역 등으로 확장(…) 직간접적으로 수천 개의 일자리를 만들어 내는 효과 있을 것이다.(214~215쪽)

사회적 경제 조직 유형별 일자리를 보면 2014년 1만 5,000개에서 2018년 26,200개로 증가하여 서울시 총 고용 4,076천 개의 0.64%(262개)를 차지한다. GRDP 매출액은 총 422조 3,950

억 원인데, 서울시 사회적경제는 총 2조 8,480억 원으로 0.67%를 차지한다. 2018년 기준 조직 유형별로 사회적경제 유효 기업수 및 가동률을 보면 사회적기업(유효 381개) 9,914개, 예비 사회적기업(유효 212개) 1,573개, 협동조합(1,970개) 1만 1,310개, 마을기업(유효 96개) 942개, 자활기업(유효 148개) 1,183개, 소비생협 1,270개이다.(2014~2018년 서울시 사회적경제 조직 성과현황)[27] 2019년 12월말 기준 서울시 협동조합 신고 및 인가 현황을 보면 일반협동조합 3,438개, 사회적 협동조합 425개, 협동조합 연합회 36개인데, 이는 2013년 10월말 기준 협동조합 830개에서 크게 늘어난 것이다.

뉴딜 일자리는 거의 전적으로 예산에 기반한 일자리이다. 만 18세 이상 미취업 서울시민을 대상으로, 월 최대 임금 223만 원 지급(서울형 생활임금 시급 10,523원)하고, 최대 23개월간 안정적으로 근무 가능(풀타임·파트타임 선택 가능)하다고 한다, 사업 규모는 총 4,896명이고, 이 중 서울시가 106개 사업 2,757명을, 25개 자치구가 112개 사업 482명, 서울시 투자출연기관 15개 사업 376명, 민간 공모는 54개 사업 1,281명이다.[28]

---

27) 2019 서울시 사회적경제 조직 현황 분석 및 주요 성과 연구(서울특별시 사회적경제지원센터)
28) https://news.seoul.go.kr/economy/newdeal

2020년 서울형 뉴딜 일자리 분야별 채용 인원

분야	사업명	채용인원(명)
경제	지역상생 에디터 및 컨설턴트, 사회적경제링크업, 청년금융복지설계사, 토지주택 청년실무전문가 등 (57개)	1,122명
문화	청년크리에이터, 정원문화 활동가, 청년커뮤니티 매니저, 문화예술매개자 등 (94개)	1,204명
복지	수어통역센터 운영보조, 아동복지시설 돌봄지원가, 취약계층어르신돌봄요원 등 (57개)	1,064명
교육/혁신	문해교육매니저, 평생학습 코디네이터, 공간정보 구축사업 등 (55개)	1,067명
환경/안전	도시형 텃밭정원 운영, 서울교통주치의, 에너지설계사, 찾아가는 우리동네 동물훈련사 등 (24개)	439명

　박원순 시장의 일자리 정책, 즉 공공 부문 비정규직 정규직화, 뉴딜 일자리 창출, 각종 사회적 경제(협동조합, 사회적 기업) 관련 일자리 창출 정책은 대부분 자생력이 없다. 서울시의 예산이 끊어지면 대부분 고사할 수밖에 없다. 공공부문이 초기에 마중물을 부어주고 기다리면 시장에서 지속적으로 수요를 창조하여 유지되는 일자리가 아니다. 이는 기본적으로 수혜자의 보편적 권리인 복지에 사용해야 할 예산을, 공무원의 시혜이자 박원순의 선심인 예산 의존 일자리에 사용하는 것이다. 한 마디로 목마르다고 바닷물을 마시는 짓과 같다.

　무엇보다도 세금으로 운영하고, 독점적 업무 영역을 가진 공공 부문에서 일자리 관련 부족不足, 불안不安, 불만不滿을 없앤다고 해서 그게 민간 부문으로 확산될 리도 없다. 오히려 이미 최고 선망의 대상인 공공 부문 선호도만 더 올린다. 박원순은 정부의 역할은 기업과 시장으로 하여금 일자리를 많이 만들도록 유도하는 것이라는 개념 자체가 흐릿하다. 그러니 국내 투자와 고용을 가로막는 수많은 법제도와 문화와 특수이익집단에 맞서 싸울 의사가 있을 리 만무하다.

세계 대부분의 지방정부들이 일자리 창출을 위해 사용하는 수단은 대체로 기업을 유치하는 것이다. 아일랜드, 싱가포르, 중국, 미국 등이 외국 기업을 유치를 위한 유인 수단을 보면 공장 부지의 무상 제공, 도로 및 상하수도, 전기 등의 기본 인프라 조성, 세금 감면과 금융 지원 등에 이르기까지 엄청난 특혜를 제공한다. 그러나 서울시를 비롯한 한국의 지방자치단체는 기업에게 줄 수 있는 것이 별로 없을 뿐 아니라 제공할 의지도 전무하다시피 하다. 세금을 깎아 줄 수 있는 것도 아니고, 근로기준을 하향할 수도 없고, 금융 지원을 하기도 어렵고, (서울 수도권은) 토지를 저렴하게 주기도 힘들다. 대출금에 대해 2% 가량의 금리 지원을 당근으로 쓰고(신용보증, 금융 지원 등), 판촉 지원(지자체 차원의 시장개척단 운영), 우선 구매 등을 할 수는 있는데 기본적으로 쓰는 돈에 비해 효율은 너무 낮다. 경제, 고용, 노동 관련 수많은 국가 규제가 박원순으로 하여금 돈다발을 화로에 던져 난방하는 것과 비슷한 방식으로 일자리를 만들 게 한 것이다.

보여주기 쇼, 가식, 위선

박원순은 시장 재직시인 2018년 7월 22일부터 8월 18일까지 '강남·북 격차 해소 방안'을 구상한다는 명목으로 서울시 강북구 삼양동 소재 한 주택의 '옥탑방'에 입주하였다. 박원순은 입주의 변으로 '절박한 민생의 어려움을 피부로 느끼고 강남과 강북의 격차를 좀 더 고민하는 시간을 갖겠다'고 하였다. 정치인이라면 할 수도 있는 '쇼'이지만, 문제는 실효성 있는 강남북 격차 해소 방안을 거의 내놓지 못했다는 사실이다. 그 외에도 헤진 구두 뒤축, 집무실 책상에 수북이 쌓인 서류, 얼굴에 연탄 검댕이 칠하고 연탄 리어커 끄는 장면 등이다.

책에서는 '시민사회 있을 때부터 전에 몸담았던 조직의 사람을 새 조직으로 데려오는 것을 절대 금하고 있다'(189쪽)고 했지만, 서울시청 6층(비서실)과 산하기관, 예산 사업체 등에는 너무 많은 박원순 사람이 들어가 있고 그가 없는 지금도 그들 대부분은 자리를 지키고 있다. '진정한 지방자치를 위해서는 지자체가 주민에게서 걷은 세금으로 어떤 사업을 할지 스스로 결정하고 집행해 주민의 평가를 받는 구조가 돼야 한다'고 말했지만, 서울시를 아주 불투명하게 운영하였다. 박원순식 보여주기 쇼의 압권은 재산 공개 내역이다. 박원순 시장의 재산은 2011년 서울시장 취임 당시 -3억 1,056만 원으로 신고하였다. 무슨 일 때문인지 빚이 더 늘어나 2013년부터 몇 년 간 재산은 -6억 원대에 머물렀는데, 2019년 -7억 3,650만 원, 2020년초 -6억 9,091만 원이었다. 광역 지자체장 중 재산 마이너스는 박 시장이 유일하다. 그런데 서울시장은 무보수 명예직이 아니다. 박원순은 시장 재임 기간 기부를 무려 30억 원 가량 한 것으로 알려져 있다. 빚을 내는 것도 능력이지만 박 시장은 빚을 줄일 의사가 없었던 것처럼 보인다. 결과적으로 가족에게 엄청난 부채를 남기고 죽었다. 결국 유족들은 상속 포기를 하였다. 따라서 이 부채는 채권자(금융기관?)의 손실로 돌아갈 수밖에 없다.

박 시장의 죽음은 사상이념적 편향성(1980년대 운동권스러움) 외에도, 보통사람의 상식에서 크게 벗어난 무리수나 가식과 무관한 것 같지 않다. 가식이 심하면 내적 스트레스로 축적되고, 억눌린 욕망들이 엉뚱하게 분출한다. 인간은 기부와 헌신의 도덕군자가 되는 것은 쉽지 않기 때문이다.

엄상익이 박원순 추모 글 말미에 이렇게 의미심장한 말을 남겼다.

그는 내게 자기는 과로사를 원인으로 죽고 싶다고 했다. 그러던 그가 어느 날 갑자기 자살을 했다. 허깨비 같은 정치무대의 주연이 된 그는 자기최면에서 벗어나지 못하고 도피하고 싶었는지도 모른다. 희망을 제작하다가 걸려 넘어져 절망에 빠진 그의 영혼을 위로

해 주고 싶다.

그는 물리적으로 너무 부지런히 일하여 과로사를 한 것이 아니라 인간의 자연스러움에서 너무 벗어난 위선적, 가식적인 일을 너무 부지런히 하고, 또 자신의 편향된 이념과 커다란 욕망 실현에 너무 부지런하여 과로사한 것이 아닐까 한다. 다시 말해 정신적으로 과도한 스트레스를 받고 있었는데 팽팽한 위선, 가식의 풍선을 터뜨리는 바늘에 해당하는 성추행 혐의 피소가 자신을 찔러 들어오는 것을 확인하고, 또 이를 막을 수 없다는 것을 확인하고, 모든 것이 터지는 것을 예감하고 자살한 것이 아닐까 한다.

공공양반 늘리기, 노동귀족과 연대하기

박원순은 서울시장 당선 직후부터 비정규직의 정규직화 정책을 본격적으로 시행하였다. 또한 2016년 9월 노동이사제 조례를 만들어 서울시 산하 투자·출연기관에 노동자(실은 노조) 대표를 이사로 만들어 경영에 참여하게 하였다. 노조에 불리한 정책을 아주 효과적으로 견제하게 만든 것이다. 이는 성남시를 비롯한 여러 지자체가 뒤따르도록 만들고 문재인 대통령도 대선에서 공공기관에 노동이사제 도입을 공약하게 했다. 최저임금보다 약간 높은 생활임금제도 2015년 서울시가 도입하여 전국으로 확산됐다. 물론 세금이나 독점 업역이 있는 공공부문에만 적용된다. 지자체 최초로 노동특보도 임명하였고, 노동 전담부서인 고용노동국도 설치했고, 서울노동권익센터도 설치하였다.[29]

서울지하철 1~4호선을 운영하는 서울메트로와 5~8호선을 맡은 서울도시철도공사를 23년 만에 통합하여 '서울교통공사'를 출범시키면서 공사간 비교, 경쟁을 불가능하게 만들었다. 박원순이 내건 명분은 지하철 안전 강화이다. 통합에 따른 중복 인력 393명은 구조조정은커녕 역사 등 일선 현장으로 재배치되고, 오히려 스크린도어 보수 인력 175명을 증원하였다. 그뿐 아니라 그동안 외부 위탁으로 되어 있던 역사 소방설비, 전기, 환기·냉방 업무 등 안전 분야 64명도 직영으로 전환하기로 하였다.

박원순의 패악:
공공양반, 노동귀족, 민주건달, 혈세빨대 양산

박원순의 가장 큰 패악질은 일자리 정책과 주택·부동산 정책에 있다. 박원순은 비정규직 정규직 전환, 사회적 경제, 서울형 뉴딜 일자리, 노동존중특별시 운운하며 세금에 빨대를 꽂고 흡혈하는 사람들 혹은 하는 일(생산성)에 비해 너무 높고 안정적인 처우를 누리는 공공양반과 민주건달을 너무 많이 늘렸다. 더구나 노

---

29) http://www.labortoday.co.kr/news/articleView.html?idxno=165507

동귀족과 연대하여(노동이사제, 지하철공사 통합 등) 기존의 빨대들 내지 철밥통을 더욱 강고하게 만들었고, 흡혈량을 줄이지도 않았다. 현세대와 미래세대 간, 민간과 공공 간 공정의 이름으로 하는 일에 비해 너무 높고 안정된 처우를 조정하려는 어떤 시도도 하지 않았다. 한국의 근로기준법은 그 요건과 절차가 아주 까다로운 정리해고와 징계해고 외에는 정규직을 해고할 수가 없도록 만들어 놓았기에, 지금 서울시 산하기관의 정규직이 된 사람들은 직무가 사라지든 말든, 아무리 인력 과잉이라 하더라도 정년이 보장된다. 그런 점에서 노동시장에 신규로 진입하는 청년들에게는 기회의 사막이 더욱 커지고 메마르게 되었다. 이는 자본주의와 시장원리에 대한 몰이해 내지 혐오와 자신의 대권을 위한 인적, 조직적 기반 확대 전략이 뒤범벅이 된 소치로 보인다.

　주택·부동산 정책은 엄연히 병존하는 교환가치와 사용가치 중 전자를 백안시하면서, 다시 말해서 주택은 사는 것(買)이 아니라 사는 곳(居)이라는 아집으로, 또 부동산 불로소득(재테크)과 그에 따른 양극화를 용납할 수 없다는 아집으로 뉴타운, 재개발, 재건축을 틀어막아 수십 만 채의 신규 주택 공급을 막았기 때문이다. 그리고 대도시를 이해하지 못하는 정도가 아니라 아예 혐오하고, 유년 시절 전근대적 공동체성이 살아 있는 농촌으로 회귀하려 하고, 서울이라는 거대한 도시를 유럽, 일본의 수백 년 된 고도-이 도시들은 대개 영주가 있어서 일찍부터 질서가 잡혀 있는데, 한국은 그렇지 않다-를 모델로 '도시 재생'을 하려고 하였으니 지체되거나 왜곡된 도시계획, 도로교통계획, 주택공급계획이 얼마일지는 가늠이 잘 되지 않는다.

박원순은 7, 80년대 운동권 화석들의 시대착오적 이념을 수많은 정책과 사업과 이벤트를 통해 뿌려 댔다. 반일종족주의에 기반한 위안부 소녀상 퍼포먼스가 대표적이다. 광화문 광장의 세월호 기억의 집-실제로는 증오의 집-도 박원순의 전폭적인 협력 없이는 설치할 수가 없었을 것이다. 그 밖에도 낡은 페미니즘, 한국 자연환경을 전혀 고려하지 않은 탈원전-생태주의, 북한과 주사파의 주장에 경도된 대북 인식 등도 빼놓을 수 없다.

박원순은 위선과 가식을 통해 정신과 문화를 너무나 오염시켰다. 유족들로 하여금 상속 포기를 하도록 만든 거액의 빚이 대표적이다. 헤진 구두 뒤축 퍼포먼스, 집무실 책상에 수북이 쌓은 서류들, 삼양동 옥탑방 쇼도 빠뜨릴 수 없다.

이런 박원순이, 그것도 성추행 혐의로 고소 고발되면서 자살을 했음에도 불구하고 자칭 민주, 진보, 노조 무리들로부터 추앙을 받는 것은 박원순의 시대착오적 이념을 공유하는 저변이 그만큼 넓기 때문이다. 동시에 박원순이 만들어 준 세금빨대들, 공공양반들, 노동귀족, 민주건달들이 그만큼 두텁기 때문이다. 그렇기에 문제는 죽은 박원순이 아니라 여전히 펄펄 살아 있는 시대착오적 이념 세력과 지대추구 세력이라고 할 수 있다.

박원순은 희망제작소만 했더라면, 문제가 이렇게까지 극단적으로 나타나지 않았을 것이다. 박원순은 서울시를 거대한 희망제작소처럼 운영한 것처럼 보인다. 그런데 자발적 후원금에 의존하는 희망제작소와 달리 서울시는 강제로 징수한 세금과 행정력으로, 사회적 경제와 서울형 뉴딜 일자리 등을 명분으로 어거지로 일자리를 만들었기에, 놀고먹는 민주건달들과 혈세에 빨대를 꽂고 흡혈하는 사람들을 양산할 수밖에 없었다. 박원순과 문재인의 일자리 창출 정책은 돈다발을 화로에 던져 난방하는 방식과 다를 바 없다.

3장
무너진 자유서울 회복 비전

밝은 서울

서울과 광화문광장을 증오가 흐르는 어두운 광장으로 만드는 '세월호 기념물(기억·안전 전시공간)'은 철거하고, 적절한 장소로 이전한다. 서울 곳곳의 위안부소녀상, 징용노동자상 등 역사를 왜곡하고 편집증적 증오를 재생산하는 기념물을 철거한다. 정치, 경제, 사회, 문화, 사상 등에서 그 뜻과 공을 기릴 만한 가치가 있는 현대사 인물, 특히 현대사 인물의 동상을 세운다.

빠른 서울

도시는 문명을 담는 그릇이다. 아니, 도시 자체가 위대한 문명이다. 문명은 자유, 선택, 창의, 다양, 교류(융합), 교환(분업과 협업), 밀집을 떠받치는 기술과 정치 위에 서있다. 도시는 삶의 압축이자 자유의 날개이다. 그래서 젊은이들이 도시를 좋아하는 것이다. 대도시는 대면 접촉을 통해 지식과 정보와 마음이 원활하고 광범위하게 교류, 소통하여 시대가 요구하는 가치와 행복을 창조하는 공간이다. 느림의 미학은 농촌에서 찾아야 한다. 제한 속도는 원상 회복(시속 10km 상향)을 넘어, 주요간선도로 등은 더 상향해야 한다. 발달된 토목건축 기술을 활용하여 일부 도로(경부고속도로 서초동 구간)와 철로(지상철)를 이층화 혹은 지하화 하고, 기존 지하철 아래라도 대심도 고속 급행 열차를 놓는 것도 검토해야 한다. 자동차도 자전거도 다 불편해할 뿐 아니라 사고 위험도 큰 자전거도로와 주변 상권을 죽이는 대중교통 전용 지구는 전면 재검토되어야 한다. 천천히 움직여도 월급 한 푼 줄어들지 않는 사람도 있지만, 대부분은 빨리 많이 움직여야 한다. 아둥바둥 살아가는 사람에게 왜 그렇게 바쁘게 사느냐고 묻는 사람들은 십중팔구 노동귀족이거나 공공양반이거나 혈세빨대들이다. 속도를 위해 안전이나 생명을 등한시하자는 것은 아니다. 초등학교 앞 등 꼭 필요한 곳은 시속 30km 제한을 유지하되, 운전자들이 한 눈에 알아볼 수 있게 하고, 위반자가 많은 도로는 이를 줄이기 위해 노력을 기울여야 한다. 야간 등 아이들이 다니지 않는 시간에는 제한을 해제한다. 경전철, 마을버스, 고급형 버스, 1인용 교통수단 등을 활성화한다.

  과태료 징수 및 사용 내역을 공개하고, 과태료 자체가 많이 발생하지 않도록 한다. 운전자들이 위반을 많이 하는 곳은 경고 표지판을 더 세우든지, 아니면 LED로 월간 단속 실적(월 과태료 부과 금액 등)이라도 표시한다. 과태료가 지속적으로 많이 걷히는 카메라가 있다면 담당 (시청, 구청) 공무원들로 하여금 과태료를 줄이기 위해 어떤 조치를 취했는지 보고서를 제출하도록 한다. 그리고 거두어들인 과태료는 교통 법규를 더 엄격히 지키도록 계도하고 사고 예방에 사용하도록 한다. 일반 재정으로의 사용 방지를 명문화한다.

맑은 서울

서울시와 산하기관이 복마전이라는 비아냥을 받지 않도록, 서울시 산하기관과 사회적경제, 뉴딜 일자리 등 예산 사업자들의 경영 정보(고용, 임금, 복리후생 등)를 투명하게 공개한다. 관련 정보를 한 눈에 알아보고 서로 비교할 수 있도록 서울형 알리오 시스템을 만든다. 중앙정부 산하 공공기관 340개는 '공공기관 경영정보공개 시스템(http://www.alio.go.kr/)'을 통해 관련 경영 정보를 한 눈에 알아볼 수 있게 되어 있으나 서울시 산하기관들의 경영 정보, 예컨대 임직원 숫자, 임금과 복지 수준과 고용 형태 등을 쉽게 알아볼 수 없게 만들었다. 불편한 진실을 의도적으로 감추고 있는 것처럼 보인다. 기관 홈페이지에도 공개되어 있지도 않고[30], 지방공공기관 통합 공시 사이트 클린아이(http://cleaneye.

---

30) 서울여성가족재단은 홈페이지에 몇 명이 근무하는지조차 정보 공개 요청을 해

go.kr/)에 들어가 일일이 클릭해야 비로소 고용 형태별로 정원과 현원이 몇 명이고, 평균 근속연수와 평균임금이 얼마나 되는지 알 수 있다. 지식, 정보, 정치적 견해 등에 지대한 영향을 미치는 '서울특별시 미디어재단 티비에스'(비슷한 이름으로는 검색이 안 된다)는 지방출자 출연기관 중의 하나인데, 통합공시 사이트 클린아이에 들어가서 자세히 살펴봐도 공시된 경영정보(인력, 임금, 재무 등)는 별로 없다. 홈페이지에는 직원 현황을 알려면 정보 공개 청구하라고 되어 있는 서울여성가족재단은 클린아이에서 들어가 클릭 몇 번 하면 일반 정규직 정원은 165명, 현원 99명, 일반 정규직 평균 근속연수 5년 6개월에 연봉은 5,264만 원이라는 일반 현황을 알 수 있는데, 엄청난 정치적 영향력을 가진 티비에스의 불투명함은 여간 심각한 문제가 아니다.[31]

아무리 대통령과 국회가 법령으로 지자체의 손발을 묶어도, 상식에 비추어 공개가 필요한 행정 정보를 공개하는 일에 태클을 걸기는 어렵다. 박원순 전 시장은 중앙 공기업과 달리, 서울시 산하기관들의 임직원 숫자, 임금과 복지 수준과 고용 형태 등을 쉽게 파악할 수 없게 만들었다. 맑아지면 낭비와 부정이 사라지고, 공정하고 정의로워진다. 따라서 이념이나 정치 성향을 초월하여

야 알려준다고 되어 있다. 서울교통방송(TBS) 등은 수백 쪽 사업 계획서를 자세히 살펴야 해당 연도 인력 현황을 알 수 있다. 하지만 클린아이에 들어가 몇 번의 클릭을 하면 정보는 나온다.

31) http://cleaneye.go.kr/user/iptItemGongsi.do

예산 의존 관변단체 및 기업들을 최소화해야 한다. 최소한 실태 파악과 투명한 공개라도 6개월 안에 해야 한다. 그렇게 되면 최소한 대선이나 총선에서 다양한 변칙, 편법, 불법이 뿌리내릴 온상이 획기적으로 줄 것이다. 직무별 근로조건의 표준도 만든다.

특별히 맑은 서울을 위해 공직 감사에 전문성과 독립성을 불어넣는다. 감사 부서를 집행부-의회(입법부)와 동렬의 제3부처럼 운영하는 것을 목표로 한다. 인구 8백만의 뉴욕은 시장만이 아닌 감사관(컨트롤러)을 시민들이 직접 선출한다. 사실 지자체가 중앙정부에 비해 구조적으로 우위에 있는 가치가 투명과 참여이다. 많은 것을 공개할 수 있고, 많은 것을 주민에게 열 수 있기 때문이다. 감사의 초점도 이동한다. 한국의 공직 감사는 대부분 수행한 업무가 적법한지 여부만을 따지는 적법성 감사에 머물고 있다. 적법성 감사만을 따지게 되면 업무 과정에서의 실수만을 피하려는 소극적 행정으로 귀결된다. 코로나 백신 참사 원인 중의 1%는 이런 감사 제도와 관행에서 연유한다.

자치(선도) 서울

지방자치 대안 모델 선도한다. 아직 여리고 취약하지만 주민자치를 활성화한다. 아파트 단지들 몇 개를 묶어서 자치단위화 할수도 있다. 박원순은 '런던은 부시장이 9명, 파리는 20명인데 서울시는 2명, 그런데 서울시는 조직을 마음대로 늘리거나 줄일 권한 없다', '도시재개발청과 관광청을 만들고 싶은데 인사나 조직, 재정의 권한이 모두 중앙정부에게 있다', '지방자치법 및 대통령령에 지자체들의 부단체장 수와 조직의 실, 국, 본부 숫자 등이 모두 규정되어 있다'고 불만을 터뜨렸는데, 정작 필요한 주민자치를 활성화하기 위한 조치를 취한 것은 거의 없다. 단지 자신(지자체장)의 권한만 확대하려고 했다고 해도 과언이 아니다.

건강 서울

병원·치료 중심에서 지역사회·예방 중심으로 가야 한다는 것은 건강 증진 정책의 상식이다. 그런데 낡은 규제, 칸막이, 리더십이 정책 전환의 발목을 잡고 있다. 기초지자체에 의무적으로 설치된 보건소는 16개 국가 지정(의무) 사업 외에 지자체의 지역 맞춤 또는 특화 사업을 여력이 없다. 기초지자체는 보건복지부 위탁사무 처리 기구처럼 생각한다. 케어CARE 대상이 제한되고, 제공하는 서비스는 주로 정보 제공 수준이다. 또한 보건소장 자격[32]을 의사나 보건의무 직군(보건·식품위생·의료기술·의무·약무·간호·보건직

---

32) 지역보건법시행령 제11조(보건소장)①에 따르면 '보건소장은 의사의 면허를 가진 자중에서 시장·군수·구청장이 임용'하되 '의사의 면허를 가진 보건소장을 충원하기 곤란한 경우에는 지방공무원임용령 별표 1에 의한 보건의무직군의 공무원을 임용할 수 있다'고 되어 있다.

렬 공무원)으로 제한해 놓았기에[33] 복지 및 생활체육과 연계도, 지역 의료기관과 연계도 부족하다. 고령화에 따라 교육과 보건(예방 의료) 관련 행정 혁신이 절실히 필요하지만, 국가 규제로 인해 혁신의 사각지대가 되었다. 보건소-복지센터(사회복지사)-공공과 민간의 생활체육기관-지역의료기관의 유기적 협조 체제를 구축하여 더 많이, 더 적극적으로 찾아가서 전진수비를 한다.

복지·커뮤니티 서울

복지예산과 일자리 예산 등 제반 예산을 통합하여 저소득 가구를 대상으로 가구 중위 소득의 30~40%를 최소 보장선으로 설정하고, 미달하는 부분의 50%(보충급여)를 '선지급 후정산'하는 '안심소득'을 도입한다. 2020년 기준 1인 가구 중위 소득은 175만 7,000원, 2인 가구는 299만 2,000원, 3인 가구는 387민 1,000원, 4인 가구는 474만 9,000원이다. 따라서 최소 보장선(사회적 최소한)이 너무 높으면, 아마 수백만 명이 고시와 공시에 매진하기 위해 노동시장에서 퇴장할 가능성이 크다. 따라서 공공양반, 노동귀족이 거대한 규모로 존재하고, 또 정상으로 여겨지는 한 '안심소득'의 보장 수준은 결코 높으면 안 된다. 생활의 급격한 추락을 막는 안전망이어야지, 근로의욕 자체를 빨아가는

---

33) 급여 문제로 인해 의사 99명, 비의사 155명(2019년 12월 조사)

블랙홀이어서는 안 된다는 얘기이다. '안심소득'이 실시되면 복잡다양한 복지 급여의 상당수는 없앨 수 있고 없애야 한다. 기본소득과는 가치체계가 전혀 다른 훨씬 효율적이고 정의로운 자동 소득 보장 장치이다. 만약 '안심소득'이라는 자동 소득 보장 장치가 작동했다면, 코로나 충격을 완화하기 위해 재난 지원금이나 기본소득(용돈) 같은 포퓰리즘적 정책이 고개를 들이밀 틈이 없었을 것이다. 물론 국가 방역 정책에 따른 영업 제한, 금지 업종에 대한 피해보상은 안심소득과는 별개의 문제이다. '안심소득' 제도를 뒷배로 하여, 절체절명의 국가적 난제이지만 피해자들의 결사항전 때문에 제대로 추진하지 못한 경제(규제)개혁, 노동개혁, 공공개혁, 연금개혁, 복지개혁, 교육개혁 등을 힘있게 추진할 수 있다. 사실 이것이 '안심소득' 제도가 갖는 최대의 이점이다. 아무리 이웃간에 단절이 심한 서울이라 할지라도, 어려운 이웃에 대해 가장 잘 아는 사람은, 얼굴을 맞대고 사는 동네 이웃이기에 형편이 조금은 나은 이웃이 더 어려운 이웃을 살피도록 동기 부여한다. 중앙정부든 지자체든 한국 행정에서 가장 뒤처진 기능이 고용 알선 기능이다. 따라서 서울은 구인자와 구직자를 매칭시키는 고용 알선의 모범을 창조한다.

교육 서울

　서울은 교육 도시이다. 대학 도시라고 해도 과언이 아니다. 개발 연대에는 한국의 교육과 대학은 저비용 고효율의 모범이었지만, 지금은 고비용 저효율의 전형이라고 해도 과언이 아니다. 한국만큼 교육에 대한 국가 통제가 심한 나라도 없고, 교육 소비자의 자유와 권리가 홀대 받는 나라도 없다. 그뿐 아니라 교육(유초중고와 대학)과 지방행정이 따로 놀고, 교육과 산업 및 기업이 따로 노는 나라도 없다. 이는 교육제도와 정책이 국가 관료 통제와 교육 공급자 기득권 보장을 축으로 돌아가기 때문이다. 그러므로 교육 소비자(개인, 기업, 산업, 사회)의 권리 강화를 중심에 놓고, 교육 관련된 벽(칸막이)을 허물고, 국가 관료 통제를 최소화시켜야 한다. 우선적으로 교육자치와 행정자치를 통합하고, 교육 과정의 개인·산업·지방 맞춤화를 위해 학교의 자율화, 교육규제의 지방화, ┬Ⅱ사 삼여를 확대 강화한다. 평생교육, 인생 2·3모작 교육 직업 교육과정을 늘리고, 내실화하여 개인과 기업과 사회의 수요에 맞추도록 한다. 지방교육청의 관할 대상인 학령 아동은 급감해도 지방교육청 예산은 꾸준히 늘고 있고, 인구 고령화와 베이비붐 세대 은퇴와 산업·기술 변동에 따라 평생교육, 인생 2·3모작 교육, 직업 교육 수요는 폭발적으로 늘어나지만, 예산은 그야말로 쥐꼬리 수준을 벗어나지 않는다. 우선적으로 서울시 공무원

교육과 민주시민 교육을 바꾼다. 민주시민 교육이 아니라 세계시민교육, 자유민주시민 교육을 실시한다. 무슨 상아탑처럼 여겨져 온 대학을 일부 기능이라도 세속 내지 시장, 예컨대 공간으로 말한다면 주요 간선도로변이나 전철역 근처로 나오게 하여 교류 소통과 융복합 공간이 되도록 한다.

세계 서울

서울의 핵심 매력이자 경쟁력은 자유주의 국가의 수도로서, 소득 3만 달러가 넘는 2,500만 명(서울, 경기, 인천)이 좁은 땅에 밀집하여 만들어내는 엄청난 다양성, 역동성, 창의성이다. 따라서 서울시는 이 강력한 매력이 꽃을 피우고, 더 나아가 세계와 소통 교류하고 세계에 어필할 수 있도록 제도적 정책적 지원을 해야 한다. K팝, 영화, 드라마, 음식 외에도 최소 10개의 한류를 새롭게 창조하는 한류 메카가 되어야 한다. 서울시는 다양한 국적자와 문화, 다양한 직업, 기능, 가게, 취향 등이 끼리끼리 모여서 교류하고 경쟁하고 협력할 수있도록 더 많은 소공원, 소광장, 소공연장, 소학교, 소커뮤니티 (문화) 센터 등을 직간접적으로 지원해야 한다. 물론 언어(영어)와 관용, 포용, 융합의 문화가 그 인프라가 되어야 한다.

중국에 베이징과 상하이가 있고, 일본에 도쿄가 있다면 한국에는 중경, 바로 서울이 있다. 서울은 동북아시아의 교류, 협력, 문화, 금융 등의 중심지가 될 수가 있고, 또 되어야 한다. 한 마디로 세계로 가는 서울, 세계가 오는 서울, 세계를 향한 서울을 만들 수 있고 만들어야 한다. 다른 지자체는 서울과 중앙에 쌓인 자원을 뜯어먹는 데 매진할지라도, 서울만이라도 세계 경영을 해야 한다. 대서울 개념을 도입하여 경기와 인천도 세계적 브랜드인 서울을 함께 사용할 수 있도록 할 수 있다. 대기업 주도와 서울시 후견하에 중소기업을 참여시켜 아시아, 아프리카 개도국(신흥국) 종합개발사업을 추진한다. 한국의 압축성장 경험과 새마을운동 경험, 전통과 첨단을 망라하는 제조 업종 및 기술력은 후발 개도국이 필요로 하는 것들이 많다. '공기업과 대기업, 금융기관(펀드), 중소기업 등의 투자를 유도하여 맞춤형 산업단지를 조성하고, 여기에 은퇴를 앞둔 장년층 기술자와 국내에서 취업난을 겪는 대졸 청년 등을 투입한다. 투자자와 교민에 대한 정부 보호를 강화하여 신업 신규를 만들어 내자'는 박광기(전 삼성전자 부사장)의 제안을 전향적으로 수용한다. 지금은 국가가 기업을 선택하는 시대가 아니라 기업이 국가를 선택하는 시대이다. 기업 활동과 관련된 모든 규제는 원칙적으로 사전적 규제가 아닌 사후적 규제로 바꾸고, 인허가 처리를 포지티브 시스템에서 네거티브 시스템으로 바꾸는 작업을 선도해야 한다. 서울에 지금보다 더 많은 자유가 필요하다. 하지만 지방은 서울보다 더 많은 자유가 필요하다.

동시에 더 많은 배려가 필요하다. 지방의 산업, 기업, 인구 흡인력 제고 없이 서울이 더 많은 자유를 가지면, 서울이 더 강력한 블랙홀이 될 수밖에 없다.

세계 서울은 더 원활한 연결, 소통, 융합이 이루어지도록 해야 한다. 대도시의 생명은 용이한 대면 접촉, 빠른 연결과 연계, 다면적이고 풍부한 소통·교류·융합인 바, 서울이 가진 사람과 자원이 풍부한 소통과 교류를 통해 새로운 문물과 가치가 지속적으로 창조되도록 한다.

지방자치 발전을 위한 작은 양보; 국무회의 배석 규정 변경-작지만 큰 개혁

서울시장은 17개 광역 지자체장 중에서 유일하게 국무회의에 배석할 수 있다. 「정부조직법」 제12조 제4항에 따른 국무회의 규정(대통령령 제28211호) 제8조(배석 등) ①에 의해서이다.

> ① 국무회의에는 대통령비서실장, 국가안보실장, 대통령비서실 정책실장, 국무조정실장, 국가보훈처장, 인사혁신처장, 법제처장, 식품의약품안전처장, 공정거래위원회위원장, 금융위원회위원장, 과학기술혁신본부장, 통상교섭본부장 및 서울특별시장이 배석한

> 다. 다만, 의장이 필요하다고 인정하는 경우에는 중요 직위에 있는 공무원을 배석하게 할 수 있다.

그런데 17개 광역 지자체장을 대표하여 국무회의에 배석하는 것이 아니다. 서울시장만이 배석해야 할 합리적인 이유는 없다. 이는 서울특별시장에 대한 예우 차원이다. 1995년 한참 이전 관선 시장 시절에 서울시장을 장관급으로 대우하면서 국무위원 대우를 하게 된 것이다.

국무회의 배석 규정은 서울시장이 아니라 시도지사협의회 대표가 배석한다고 고쳐야 한다. 지금 서울시장은 국무회의에서 서울시정과 관련된 사안에 대해서는 발언하겠지만, 그렇지 않으면 말을 안 할 수밖에 없다. 그런데 전국 시도지사협의회 대표가 참석하면, 사전에 회의 자료를 받아 시도지사협의회를 통해 17개 광역 지자체장들의 의견을 수렴하여 대표로서 발언할 것이다. 시도지사협의회 대표로 서울시장이 선출될 수도 있고, 제주도지사가 선출될 수도 있다. 누가 되든 대표로 배석하면 구성원들의 의견을 수렴하고 조율해서 대표로서 발언하게 되어 있다. 그러면 국무회의나 차관회의가 시도의 이해와 요구를 더 강하게 의식할 수밖에 없다. 인구의 80%가 거주하는 지방을 무시하는 정책을 마구 만들어 내지 않을 것이다. 서울시장이 기득권을 버리고, 대통령령인 국무회의 규정만 바꾸면 된다. 아주 쉬운 개혁이지만, 효과는 큰 개혁이다.

무능과 이념이 낳은 대참사

2020년 12월 한국은 연일 1,000명 내외의 코로나19 확진자가 쏟아져 나오고 있다. 수도권은 2020년 12월 23일 0시부터 실내 실외 구분없이 5명 이상의 사적 모임 금지 행정명령이 발표되었다. 백신 개발 완료에 따라 미국, 영국, 캐나다, EU(유럽연합), 이스라엘, 싱가포르, 사우디아라비아, 말레이시아, 멕시코, 아르헨티나, 칠레 등 30여 개국이 12월 중에 접종을 한다고 하지만 한국은 언제 할지를 모른다. 한 마디로 '백신 미확보 참사'가 터진 것이다. 이에 따른 정치적 책임 문제가 불거지자 강민석 청와대 대변인은 서면 브리핑을 통해 문재인 대통령은 지난 4월부터 12월까지 13번이나 코로나19 백신·치료제 개발 및 물량 확보를 지시했다고 밝혔다. 얼마 후 문 대통령이 K방역의 영웅으로 추켜세우면서 본부를 청으로 승격시켜 준 질병관리청 수장 정은경이 백신 구매의 최종 책임자라고 하였다. 손영래 보건복지부 대변인은 '(먼저 접종하는) 국가들에서 발생하는 문제를 한두 달 관찰할 수 있는 기회를 가질 수 있어서 굉장히 다행스럽다'면서 백신 참사를 정당화하고 있다. 그런 점에서 문 대통령은 공은 자신에게,

책임은 부하에게 미루는 최악의 상사이다. 일머리도, 책임의식도 전혀 없는 역대 최악의 대통령이다.

문 대통령과 정권 핵심들은 정부 조직이든 기업 조직이든 조직 책임자에게 많은 권한과 보수와 명예를 부여한 이유를 모른다. 이들은 조직을 통솔하여 일을 해 본 경험이 없기 때문일 것이다. 자기 책임하에서 일을 조금이라도 해 본 사람은 안다. 일이 잘 추진되지 않는 이유는 담당자의 실력 부족, 예산과 인력 부족, 부적절한 업무 분장, 결정에 따르는 책임 소재, 모호한 목표 시한(언제까지 무엇을?) 등 수십 수백 가지이다. 조직 책임자는 이런 것을 풀어주는 것이 임무다. 자신이 책임질 것과 부하가 책임질 것을 명확히 하고, 막힌 곳을 뚫어 주고, 꼬인 것을 풀어 주는 것이 임무이다. 그런데 문 대통령과 정권 핵심은 누구나 할 수 있는 지시 좀 한 것 가지고 일을 다했다고 생각하는 것이 분명하다.

문 정권은 남 탓의 명수이자 내로남불의 달인이다. 일찍이 코로나 확산 책임을 2, 3월에는 신천지 교회에, 8월에는 8.15집회 주도자와 참석자들에게 돌렸다. 중국인 입국 금지를 요구한 전문가들의 주장을 외면한 정부 책임을 결코 인정하지 않았다. 그뿐 아니라 경제, 고용, 주택·부동산 문제는 전 정권 탓이라거나 신자유주의 작은정부 사조에 돌렸다. 조국 전 법무장관과 정권 핵심들의 부정비리 수사는 기득권을 유지하려는 검찰의 음흉한 흉계로 치부했다.

코로나19 백신 참사와 세월호 참사는 그 원인이 완전히 동일하다. 문재인 대통령과 이준석 선장이라는 책임자의 지독한 무능과 무책임이 바로 그것이다. 그 뒤에 작은 불꽃(문제)이 대형 참사로 비화되는 과정에서 거치는 많은 차단, 진화 관문을 지키던 공무원 수문장들의 철저한 무능과 무책임이 있다. 코로나19 백신 참사가 더 악성인 것은 세월호 참사는 오랜 평화 시기 내지 일상 시기에 터진 불의의 사고라면, 백신 참사는 코로나 방역 및 백신 확보라는 전세계가 함께 치른 전쟁 시기에 터진 사고라는 점이다. 30여 개국의 정부와 한국정부의 백신 확보 성과를 비교해 보면 한국정부의 무능이 극명하게 드러난다.

　어느 회사 백신이 성공할지 모르니 여러 곳과 계약해야 하고, 여러 곳이 성공을 하면 과잉 구매도 얼마든지 일어날 수 있다. 남 탓 명수, 책임 전가의 달인들은 과잉 구매로 예산을 과다 사용하면, 이 책임을 일선 담당자에게 묻는 감사 관행 때문에 담당자들이 몸을 사렸다고 한다. 그래서 적극 행정을 봐주지 않는 감사의 문제라고도 한다. 하지만, 이는 최고 책임자의 문제이다. 왜 주요국은 대통령, 수상, 총리가 백신 확보에 팔 걷어붙이고 나섰을까? 공은 자신에게, 책임은 일선 담당자에게 묻는 무능하고 야비한 책임자 때문에 청장, 실·국·과장이 몸을 사린 것이다. 어느 나라나 있는 일이 아니다. 한국이 유독 심했는데, 문 정권 들어 극단적으로 심해졌다.

이는 기본적으로 놀고 먹으면서 권력과 명예까지 독차지하려는 민주건달, 노동귀족, 진보도적이 국가 권력과 서울 권력을 잡았기 때문이다. 이들은 자신들의 하수인이 될, 공공양반과 세금빨대 사업자들을 엄청 양산했다. 특정 지역에 엄청난 특혜도 준다. 이것이 그 엄청난 폭정과 실정에도 불구하고 아직도 30%대의 가공할 만한 대통령 지지율이 나오는 이유이다.

백신 참사에서 극명하게 보여 준 문재인정부의 무능은 이들의 시대착오적이고 퇴행적인 가치와 이념의 문제이기도 하다. 이들은 집권 이후 오로지 과거 정권의 흑역사 파헤치기를 통해 정권의 정당성을 확보하려 하였다.

5.18 진상조사, 세월호 진상조사라는 명목으로 5.18과 세월호를 사골 우려먹듯 계속 들추었지만 새롭게 드러난 진상은 전무하다. 징용공 배상 판결은 국가 간의 오랜 합의를 뒤집는 외교 문제였음에도 불구하고 사법부 판결 뒤에 숨어서 한일 갈등을 격화시켰다. 그것도 모자라 자칭 민주·진보·노동 팔이 지자체들은 도심 요지에 위안부와 징용노동자 동상을 세우고, 문 정권은 비판 세력을 토착왜구란 말로 모욕 주기를 하면서 친일파로 매도했다. 전혀 다른 시대에 있었던 검찰의 흑역사를 끄집어 내어 검찰을 천인공노할 범죄 집단처럼 몰아갔다. 이런 식이면 법원도 범죄 집단으로 몰아갈 수 있다. 아니, 대한민국 모든 국가 기관을 범죄 집단으로 몰아갈 수 있다.

현재와 미래의 준엄한 국가적 난제를 잘 해결하여 정권의 정당성을 확보하려 한 것이 아니라 대중의 주의를 과거에 묶어 두고, 전 정권과 보수에 대한 분노와 증오를 불러일으켜 정권의 정당성을 확보하려고 한다. 이것이 백신 구입에 철저히 무능했던 핵심 이유이다.

가장 잘 준비된 후보

서울시 사무는 대략 3,000~5,000개라고 알려져 있다. 이를 수행하는 공무원과 산하기관 임직원은 수만 명이다. 시 예산이 흘러가는 물길 주변에 또 수많은 기업과 사람이 있기 마련이다. 1년 예산이 40조 원이면 하루 평균 1,000억 원 넘게 사용하는 셈이다. 이렇게 많은 돈과 사람과 조직을 운용하여 공공서비스를 제공하는 일은 누가 하느냐에 따라 엄청나게 다르다. 직원이 서너 명인 가게도 모두가 열심히 창의적으로 하는 곳과 그렇지 않은 곳의 차이가 이만저만이 아닌데 서울시는 오죽하겠는가? 1만 원짜리 한 장을 가지고 시장에 가도, 다리 품 많이 팔고 물건 요리조리 살펴보고 사는 사람과 그렇지 않은 사람 간에 차이가 큰데 서울시는 오죽하겠는가? 서울시장은 기형적이기 짝이 없는 지방자치제도의 큰 틀(법제도)을 바꾸는 권능은 거의 없지만 대중적 지지를 등에 업고, 인사권과 예산 편성권을 지렛대로 강력한 정치적, 정책적, 사상적 영향력을 발휘할 수 있다.

90도로 솟아 있는 높은 암벽도 자세히 보면 손잡을 곳과 발 디딜 곳이 있다. 이런 포인트를 잘 보고, 손발가락과 팔다리 힘이 좋으면 높은 수직 암벽도 정복할 수 있는 법이다. 어려운 일에도 급소가 있고 맥이 있다. 하지만 이를 찾는 이론이나 방법은 없다. 다만 현상과 구조에 대한 면밀한 관찰, 분석, 비교, 그리고 도대체 '왜 이럴까' 하는 집요한 의문과 아울러 실패와 좌절에 대한 성찰이 급소와 맥을 찾는 데 크게 도움이 된다는 것은 확실하다. 이런 판단이 맞다면 내가 쓴 많은 책과 글이 말해 주듯이 관찰, 분석, 비교와 성찰에 관한한 제법 잘한다고 생각한다. 물론 나는 100만 명이 '예스'를 해도 나의 소신과 양심, 과학과 사실에 비추어 아니면 단호히 '노'라고 할 수 있다. 목에 칼이 들어와도 아닌 것은 아니라고 말할 수 있다. 그런데 이 따위 자화자찬적 말이 무슨 필요가 있나? 후보자들의 살아온 인생을 살펴보고, 후부 기보디 니 싱왁이 우보자를 파악하는 사람이 유권자이니! 분명한 것은 방향감각과 일머리는 민주건달이나 진보귀족에게는 없다는 사실이다. 물론 자유건달이나 보수귀족들도 마찬가지이다.

나는 인지도 하나만 빼놓고는 가장 잘 준비된 후보라고 자부한다. 서울시장 후보가 제시해야 할 4대 비전인 국가발전비전, 정당발전비전, 지방발전비전, 서울발전비전을 이 책을 포함해서 3권의 책으로 출간했다.『국민의힘당으로는 안 된다』『자유대연합당이 온다』『엔지니어의 서울&지방디자인』저술이 직업적 의무가 아님에도 공들여 책을 쓴 것은 이 나라가 지적으로 막혀 있는데 아무도 뚫어 주지 않기 때문이다. 하지만 더 이상 좋은 저술로써 속절없이 무너져내리는 대한민국을 바로 세울 수 없다는 것을 안다. 한국 정치는 지식과 지혜의 부족도 심각하지만, 그보다 훨씬 심각한 것은 혼(소명)의 부실과 용기, 강단의 부족이라고 보기 때문이다. 바로 이 때문에 나는 당분간, 아마도 최소 10년은 좋은 이론가, 정책전문가로 가는 길에서 벗어나서 좋은 정치가가 되려고 노력하기로 한 것이다. 이것이 기본과 원칙이 바로 선 정당을 만들고, 그 목표를 위하여 또 그것을 믿고 결코 쉽지 않은 선거에 출마하는 것이다.

-끝-

엔지니어의 서울 & 지방 디자인

2021년 3월 10일 초판 1쇄 펴냄

저자 / 김대호

펴낸이/ 길도형
편집/ 이현수
펴낸곳/ 티임리인
출판등록 제406- 2016- 000076호
주소/ 경기도 고양시 일산서구 덕산로 250
전화/ 031- 923- 8668 팩스/ 031- 923- 8669
E- mail/ jhanulso@hanmail.net

ISBN 978- 89- 94627- 94- 6 03340